격 상

박서정 수필집

격 상

바니디자인㈜

작가의 말

　필자가 살고 있는 지역에는 울산대공원·태화강국가정원·대왕암공원·간절곶공원과 같은 울산을 대표하는 큰 공원들이 있다. 또한 주변 경관이 우수한 송정박상진호수공원·선암호수공원 등이 있는가 하면 주민밀착형 소규모공원들이 곳곳에 자리하고 있다. 이런 주변 환경으로 인해 공업도시 울산을 공원도시라고 해도 무방할 정도다.
　필자는 이번에 잘 알려진 공원을 제외하고 중구에 소재하면서 도시의 허파로 손색없는 소규모 공원들을 탐방하고 그것을 소개하고자 한다. 사실 처음부터 공원에 관심을 가진 것은 아니었다. 어느 날 우울한 마음을 달래기 위해 무작정 걷게 되었는데 생각지도 않은 공원을 만나게 된 것이다.
　처음 인연이 된 곳은 내황공원이었다. 그날 공원에서 몇 명의 할머니들이 파라곤 주변에 모여 담소를 나누고 있었는데 그 모습이 인상적이었다. 서로를 챙기는 정다운 말들에서 인간애를 느끼던 중 공원이 마치 어머니 품처럼 아늑하게 느껴졌다. 잠깐 그들 곁에 앉아 볕바리기를 하고 있었는데 새들이 환영이라도 하듯 반갑게 맞아주었다. 할머니들과 새에 대한 이야기를 나누다 보니 나도 모르게 기분 전환이 바로 됐다. 공원의 여러 요소가 나를 품어준 그날로 인해 다른 공원들로 시선을 돌리는 계기가 되었다.

공원의 얼굴은 서로 비슷할 것이라고 생각했는데 예상외로 모두 달랐다. 각 공원이 지니고 있는 특징과 특성을 발견할 때마다 감탄사가 절로 나왔다. 벚꽃이 바람을 타고 흩날리던 날부터 매일 하루도 빠짐없이 봄의 정취를 공원에서 맞이하고 보냈다. 비 오는 날에도 공원을 보고 싶어 우산을 쓰고 가기도 했다. 직장에 출근하듯 공원을 그렇게 오갔다.

옛날에는 밥 먹고 동네 한 바퀴가 대세였지만 이제는 밥 먹고 공원 한 바퀴라는 말로 기류가 바뀌었다. 나는 주로 오전 시간을 이용해 공원을 방문했는데 그곳에서 많은 사람들을 만날 수 있었다. 각 공원의 풍경도 달랐지만 공원의 향기도 모두 같지 않았다. 언제나 만족스러움과 흡족함이 있었기에 나도 모르게 입 밖으로 터져 나온 이미저리는 '격상'이라는 한 단어였다.

그 옛날의 고리타분한 공원이 아니었다. 나무 한 그루에도 신경을 썼을 뿐 아니라 정원드림프로젝트 그리고 공원을 색다르게 발전시키려는 사람들이 아이디어를 제공하여 좋은 쉼터가 되도록 심혈을 기울인 흔적들이 많았다. 공원을 찾을 때마다 나는 새로운 세상과 더불어 색다른 예술을 만나는 기분이었다. 같은 느낌의 공원이 하나도 없다는 것은 공원을 공원답게 정성을 기울였다는 것을 방증하는 것이 된다.

마음이 많이 머무는 공원, 다시 가고 싶은 공원, 매일 가고 싶은 공원이라는 생각이 반복되는 나날이었다. 공원이 지닌 풍부한 정서를 느낄 때마다 감동의 물결이 넘실대곤 했다. 몇 군데의 공원에는 도서관도 있었고 지역 명사에 대한 기록물도 있었다. 신형의 운동기구 정돈된 화단 구조물의 배치 모두 나름대로의 의미를 부여한 모습들이었다. 이끼가 많은 곳 외국수종의 나무들이 많은 곳 우람한 나무들 이제 갓 심어진 나무들 오솔길이 멋진 곳 경로당을 품고 있는 공원들, 모두 다양했다. 이런 공원들 주변에는 여러 모습의 주택들이 밀집해 있어 사랑받는 공원임을 확인할 수 있었다. 공원을 만날 때마다 행복했다. 도시의 완충역할 도심 속의 전원이라는 의미를 떠올리지 않을 수 없었다.

공원에서 만나는 돌, 풀 한 포기 소중하지 않은 게 없을 정도로 공원에 매료되는 시간이었다. 사람들은 공원하면 일반적으로 파라곤과 벤치 운동기구 조합놀이대 나무 등을 떠올리지만 직접 가 보면 그런 고정관념은 완전히 깨지게 된다. 공원에는 남녀노소 함께 즐길 수 있는 시설이 많다. 공장에서 찍어낸 듯한 상품과는 거리가 먼 곳이 바로 공원의 모습이다. 모두 독창적이면서 개성을 갖추고 있다. 사람을 부르는 곳 사람을 편안하게 해 주는 곳 쉼을 부리게 하는 곳이라는 수식어를 갖다 붙여도 절대 어긋나지 않는다.

50여 곳의 공원을 다니면서 나는 어느덧 공원 애찬론자가 되어 있었다. 그래서 책으로 엮지 않을 수 없었다. 빛깔이 다른 공원에서 느껴지는 감흥을 먼저 이해하기 쉬운 정형시로 형상화한 후 수필을 쓰는 방식을 취했다. 공원의 이미지를 짧은 시로 먼저 느끼고 그다음 수필을 통해 한 번 더 느꼈으면 하는 마음으로 구성을 했다. 시각적인 효과를 더하기 위해 몇 컷의 사진도 실었다. 그리고 본문 속에 사진 내용이 소개돼 있어 사진 밑에 설명글은 생략했다.

 공원을 만날 때마다 꽃들의 환영을 받으며 내 생애 정말 행복한 시간이었음을 고백한다. 날씨와 상관없이 하루라도 공원을 가지 않으면 못 견딜 정도로 공원에 푹 빠진 삼 개월 남짓이었다. 이 책을 만나는 독자들도 작은 공원이 지닌 가치와 매력을 몸소 느끼는 기회를 가져 보시기를 권한다. 공원의 참 얼굴을 발견하고 행복한 시간이 되었으면 한다.

2025년 완숙한 봄날에
박서정

차 례

■ 작가의 말 · 5

제1부
공원이 품은 정신

- 구십 도로 절 – 불선바위공원　　　　　　　15
- 벽화로 말한다 – 옥성공원　　　　　　　　19
- 겉과 속은 달라 – 애니원공원　　　　　　　24
- 공원이 품은 정신 – 해오름공원　　　　　　28
- 길에서 길을 배운다 – 정지말공원　　　　　33
- 도시바람길숲 – 새이골공원　　　　　　　　38
- 독수리 비상 돌담 – 독수리공원　　　　　　43
- 두 기류 공존 – 신기공원　　　　　　　　　47
- 둔덕에서 얻는 재미 – 황방공원　　　　　　51
- 방심은 금물 – 장암공원　　　　　　　　　55

제2부
사람을 부르는 공원

- 걱정되는 소나무 – 당고개공원   61
- 보살핌을 받는 안과 밖 – 햇빛공원   64
- 봄인 듯 겨울인 듯 – 유곡공원   68
- 유익한 지름길 – 청구뜰공원   71
- 빗나간 기대 – 소바우공원   75
- 사람을 부르는 공원 – 장현공원   79
- 사연 많은 팽나무 – 앞들어린이공원   84
- 사통팔달처럼 – 복지공원   89
- 삼단으로 이색적 – 송학공원   94
- 새로 낸 사잇길들 – 칠암공원   99

제3부
우리가 모르는 사이

- 생태놀이터 아이 뜨락 – 명정공원　　　　105
- 서동 왕자로 재탄생 – 서동공원　　　　　110
- 순수한 손길 – 구루미공원　　　　　　　114
- 모심을 받는 풍경 – 도화공원　　　　　　118
- 여기도 여백이 – 삼일공원　　　　　　　122
- 예사롭지 않은 기운 – 학성제2공원(장무공원)　126
- 예술, 육지꽃버들 – 예술공원　　　　　　132
- 온담정의 기운 – 구교공원　　　　　　　138
- 온통 달의 공간 – 달빛공원　　　　　　　142
- 우리가 모르는 사이 – 새터공원　　　　　148

제4부
이곳을 잊지 마세요

- 운명과 숙명 – 양지공원　　　　　　　　　155

- 울타리 안의 풍경 – 공룡발자국공원　　　　159

- 원동력은 마로니에 – 백양공원　　　　　　165

- 원형모래구장 – 평동공원　　　　　　　　　169

- 육지 속의 바다 – 우정공원　　　　　　　　174

- 이곳을 잊지 마세요 – 학성공원　　　　　　178

- 이끼의 최적지 – 숯못공원　　　　　　　　　184

- 이동하지 않는 새들 – 송림공원　　　　　　188

- 위로가 된 곰 조형물 – 부평공원　　　　　　192

- 이름이 바뀌었네 – 이예공원　　　　　　　　195

제5부
풍요로운 휴식

- 인공적인 느낌 강해 – 서원공원   201

- 일품인 건강지압보도 – 다사랑공원   205

- 큰 나무 그림자 – 장터공원   210

- 장대한 구름발 – 구름공원   214

- 적응만이 살 길 – 함월공원   219

- 정답은 불필요 – 내황공원   223

- 직선 길 곡선 길 – 평산공원   228

- 처음부터 끝까지 – 단장공원   233

- 발견의 미학 – 손골공원   237

- 풍요로운 휴식 – 서덕출공원   242

제1부

공원이 품은 정신

- 구십 도로 절
- 벽화로 말한다
- 겉과 속은 달라
- 공원이 품은 정신
- 길에서 길을 배운다
- 도시바람길숲
- 독수리 비상 돌담
- 두 기류 공존
- 둔덕에서 얻는 재미
- 방심은 금물

구십 도로 절
– 불선바위공원

오라는 소리 들려 이른 아침 도착한 곳
비까지 내리는데 한발 빠른 방문객
놀랍고 반갑기도 해 인사 먼저 건넨다

왼편에 자리 잡은 소나무 한 그루
구십 도로 절을 하니 경건함 갖게 된다
누구나 똑같이 품는 맘 소나무는 알겠지

우정동에 위치한 공원이다. 이번에도 공원 이름에 대한 선입견을 가지고 갔는데 어김없이 빗나갔다. 생각했던 바위는 없었다. 우정동 새마을협의회에서 쾌적하고 아름답게 가꾸기 위해 관심을 기울이고 있다. 이 공원 소개는 빼려고 하다가 산책로로 오르는 길에 기역자로 크게 꺾여 서 있는 소나무를 놓칠 수 없어 마음을 바꿨다.

이른 아침에 찾은 공원인데도 다른 사람이 먼저 와 있었다. 비까지 한두 방울 떨어지는 상황이었는데 나보다 더 빨리 공원을 찾은 사람이 있다는 것이 놀랍기도 하고 반갑기도 했다. 타일 바닥을 밟고 들어서면 왼편에 도저히 그냥 지나칠 수 없는 소나무가 있고 오른편에는 공원표지판과 벤치 두 개가 있다. 가운데에는 사각의 화단이 두 개 있고 각각 두 그루의 나무를 심어놓았다. 사각 화단을 지나면 운동기구와 파라곤이 설치돼 있다.

맞은편에 있는 입구로 가면 경사가 좀 심하다. 걷다가 안전사고가 일어날 수도 있을 것처럼 높낮이가 있어 걸을 때는 신중해야 한다. 바닥 타일의 무늬가 물결처럼 곡선을 이루고 있어 네모반듯한 타일과는 다른 느낌이었다. 타일이 움직인다는 착각이 들 정도였다. 타일 문양의 곡선미는 딱딱함을 무마시키는 데 톡톡히 한몫을 하는 것으로 보였다.

볼수록 마음이 더욱 움직이는 그 소나무를 보면서 다시 경건해진

다. 그 소나무를 통과하면 야자매트가 깔린 산책로를 걸을 수 있다. 매트 틈 사이로 잡초들이 푸릇푸릇 올라오고 있어 풀의 강인함을 다시 느낄 수 있었다. 언덕이 약간 진 곳에 놓여 있는 그 매트는 곧 있으면 존재를 모를 정도로 풀들에 휩싸일 것이다. 풀들이 무성해지면 그 길은 아무도 걸으려고 하지 않을지도 모른다.

산책로에 목련나무 한 그루가 뿌리를 드러낸 채 아슬아슬하게 서 있다. 경사진 곳에서 자라는 식물들은 바람 앞에 놓인 촛불처럼 위태하게 보인다. 지면이 고른 곳에 바로 이식이 되면 좋겠지만 그런 손길이 빨리 미칠지는 모르겠다. 이대로 둔다면 기우뚱한 나무는 여름 태풍을 견디지 못할 것 같은 예감이 든다.

길지 않은 산책로를 끝까지 걷고 그 길로 다시 돌아나온다. 올라갈 때는 어서 오라고 구십 도로 절을 하고 내려갈 때는 또 잘 가라고 구십 도로 절을 한다. 소나무를 다시 본다. 줄기가 저렇게 꺾이고도 생

명을 이어간다는 것은 불굴의 의지가 아니면 힘들 것이라는 생각이 든다. 우리의 삶이 저렇게 꺾인다면 다시는 회복이 어렵지 않을까 싶다. 지지대도 없이 자기 몸을 다시 추스르고 무성한 잎을 단 것을 보면 소나무의 습성과 끈기는 사람들의 정신을 충분히 능가할 것으로 보인다.

운동기구를 앞에 두고 언덕이 있는 부분에 계단식으로 만들어진 좌석이 네 개 층으로 설치돼 있다. 사람들이 저기에 앉아 편히 쉼을 누릴 수 있을까 하는 의구심이 들었지만 사람을 위한 자리라는 생각이 머무니, 거짓말처럼 아늑해진다. 언덕이 있는 공원의 위쪽에는 울산성자교회가 자리하고 있다. 교회는 평지인데 교회와 공원 사이에는 언덕이 있어 공원이 약간 불안해 보인다.

하지만 괜찮다. 이 공원을 빛내주는 예의바른 주인공이 있기 때문이다. 고통과 고난을 모두 이겨 낸 저 소나무가 이곳에 오는 사람들에게 늘 구십 도로 절을 하고 있지 않는가. 그리고 보는 이들로 하여금 저절로 고개를 숙이게 하지 않는가. 참 마음을 많이 움직이는 나무이다. 앞으로도 늘 그런 모습이기를.

벽화로 말한다
– 옥성공원

잎들이 무대 위로 여기저기 내려온 날
나뭇잎 싸리비에 말없이 끌려가고
꽃잎은 작디작아서 비질이 무색하다

흙바닥 비질 소리 힘차게 들려온다
리듬을 실은 팔에 박자가 뒤따른다
그 옛날 시골 흙 마당 이런 느낌 주었지

허리는 꼿꼿하게 비질은 사십오 도
흐트림 없는 자세 이곳의 벽화 풍경
맡은 일 끝낼 때까지 응원 세례 반짝인다

학성동 제일베스트빌 뒤쪽에 어린이공원인 옥성공원이 자리하고 있다. 이 공원이 오래됐다는 걸 말해주듯 쭉쭉 뻗은 은행나무들이 건물 높이만큼 키를 키우고 있다. 공원을 들어서는 입구에 좌우로 선 이 은행나무들이 공원을 든든히 보호하는 느낌을 준다.

  디딤돌이 좌우로 정갈하게 깔려 있어 우중에도 안전하게 걸을 수 있다. 공원 오른편에 육각정이 있는데 마루가 높지 않아 층계 계단은 생략됐다. 바로 걸터앉거나 단번에 올라갈 수 있는 구조이다. 이 공원을 유독 빛내는 것은 두 벽면에 그려진 벽화이다. "감사하고 사랑합니다, 매일매일 행복하기, 언제나 건강하세요, 활기찬 옥성공원"이라는 글귀가 적혀 있다. 그리고 귀여운 여자아이, 동백꽃과 학 그림도 그려져 있다. 페인트칠을 새로 한 듯 산뜻하고 밝은 분위기다.

  공원의 주인공인 아이들을 위한 그네와 시소 등이 가운데 지점에 설치돼 있다. 어른들도 함께 즐기라고 양쪽으로 운동기구가 놓여 있다. 아이들의 노는 모습을 가까이에서 살피며 운동을 할 수 있어 일거양득이 될 것 같다. 육각정 앞에는 작은 무대와 포토존 느낌이 나는

구조물이 있다. 이 작은 공원에서도 어떤 행사를 그동안 해왔다는 것을 말해 주고 있었다.

마침 공원을 청소하는 한 남자를 만났다. 비질 소리가 그 옛날 시골 마당을 쓸던 소리처럼 친근하게 들려 계속 듣고 있었다. 마을 주민이 자발적으로 하거나 구청에서 나온 사람들이 하기도 한다는 말을 들을 수 있었다. 어떤 할아버지가 목발을 짚고 공원으로 들어선다. 이 주변에 사는 분일 것 같아 여기에서 주로 무슨 행사를 하는지를 여쭸다. 할아버지는 아이들이 그림 그리기도 하고 가까이 있는 절에서도 가끔 행사를 연다고 했다.

사람들을 아우르는 공간이라는 생각이 순간 들었다. 주변은 거의 단독주택이어서 어떤 행사를 열면 모두에게 유용할 것 같았다. 사람들이 기회 있을 때마다 함께 모여서 즐길 수 있는 게 도심의 공원이 주는 최고의 혜택이 아닐까 싶다. 한 할아버지는 운동기구에 올라선

채 신나게 몸을 움직인다. 나이 드신 분들이 약속이나 한 듯이 연이어 모여든다. 날씨는 흐려 있었지만 오늘도 좋은 추억을 쌓을 것 같다.

공원 담에 벽화 구경도 좋았지만 주변의 단독주택 벽에도 벽화들이 있어 벽화마을 분위기를 냈다. 어떤 집은 도자기 타일로 또는 자잘한 도자기 파편으로 모양을 멋지게 낸 곳도 있었고 대나무를 표현해 놓은 곳도 있었다. 공원을 닮은 집들이 주변에 있으니 더욱 조화로워 보였다. 가을이 되면 노란 은행잎들이 공원 주변을 장식해서 더욱 운치가 있을 것 같았다. 그때는 민트색인 벽화와 노란 은행잎이 색다른 기분을 안겨 줄 것이다.

화단 옆에 축구공 하나가 보인다. 골목 친구 몇 명이 공을 차며 놀다 두고 간 것 같다. 학교가 파하면 이곳에 모여 공놀이를 또 하지 않을까 싶다. 지금은 오전 시간, 이 공원은 할아버지들의 차지가 된다. 사랑방이 된 듯한 육각정에 앉아 누군가 벽화에 있는 학을 보고 한마

디 한다. 다른 공원에는 이런 벽화가 없다는 말도 들린다. 할아버지들의 이야기 소재인 벽화에 한번 더 눈도장을 찍는다. 그리고 옥성공원의 비질 소리를 다시 매만진다.

겉과 속은 달라
– 애니원공원

나무들 서로 붙어 의좋은 것 같아도
땅속을 파헤치면 다툼이 한창이다
청단풍 홍단풍잎이 얼굴을 맞대고서

겉으론 웃음 짓고 여유를 부리지만
내면에 감춘 감정 길손들 알아챈다
꽃사과 가장된 위로 섬잣나문 다 안다

 성안동에 위치한 어린이공원이다. 애니원고와 인접하고 있다. 공원 턱이 낮아서 어느 곳으로나 쉽게 들어설 수 있다. 안내판이 있는 뒤쪽에 듬직하게 선 섬잣나무가 반갑게 맞아준다. 성안동 방위협의회에서 가꾸고 있는 이 공원은 어찌 보면 모양이 정사각형에 가깝다. 왼편에 운동기구가 있고 오른편에 조합놀이대가 있다. 파라곤 쪽으로 아침 햇살이 듬뿍 들어차 지금도 반짝이고 있다.

섬잣나무 주변으로 풀들이 키를 키우고 있다. 한쪽만 주택과 인접하여 개방감이 크다. 나무들이 있는 곳에 흙을 북돋아서 약간 높이를 두었다. 타일이 깔린 곳은 넓은 광장처럼 앞이 휜하다. 타일 바닥 틈 사이로 풀들이 자라고 있다. 꽃사과나무에는 녹색의 작은 열매들이 달려 있지만 잎과 같은 색이어서 자세히 보아야 겨우 볼 수 있다.

벤치는 나무그림자를 손님으로 맞이했다. 여기도 지형의 높이가 고르지 않아 조합놀이대를 기준으로 아래쪽에는 약간의 둔덕이 있고 심은 나무 아래로 경사가 져 있다. 언덕이 높아서 조합놀이대를 감싸고 있는 듯 보인다. 모래 위에는 사람 발자국과 동물 발자국이 남겨져 있다. 나도 여기에 온 것을 알리기 위해 두 발로 쿡 찍어본다. 이곳에서는 제일 큰 발자국이 될 것 같다.

은행나무가 단독으로 뾰족뾰족한 그림자를 타일 바닥에 자신 있게 펼쳐 놓는다. 섬잣나무는 둥그런 그림자를 살짝 내려놓고 있다. 홍단풍과 청단풍이 서로 붙어 있어 정답게 보이기도 하고 대비가 되기도 한다.

고양이 한 마리 데크 아래 있다가 까치 소리를 듣고 경계를 하는 듯

하더니, 내가 다정하게 몇 번을 부르니 그만 자리를 뜨고 만다. 은행나무 사이에 주렁주렁 녹색의 열매를 단 꽃사과가 보인다. 위에 있는 것보다 나무 크기는 작았지만 열매는 그것에 못지않게 많이 달려 있다. 벤치 옆 가로등이 묵직하게 보인다. 전등갓을 쓰고 아래를 향하고 있다. 옆 파라곤에는 우산 하나와 가위 하나가 걸려 있어 필요시 유용하게 쓰일 것 같다.

 은행나무에 걸려 있는 훌라후프와 바닥에 놓인 훌라후프 바로 옆에는 조금 전에 봤던 고양이가 앉아 있다. 꼭 훌라후프를 누가 가져가나 하고 지키는 것 같다. 네 개의 훌라후프는 주인을 기다리며 고양이의 감시를 받고 있다. 사잇길로 한 남성이 들어온다. 곧바로 운동기구 쪽으로 가서 팔다리를 이용한 운동을 한다.

 운동기구 옆에 서 있는 가느다란 소나무는 잎이 많이 고사한 흔적이 보인다. 옆에 함께 있는 소나무에게 지장이 있을 것 같다. 나무들은 잎을 맞대고 줄기까지 맞대고 있다. 겉으로는 서로 의지하는 것 같아 보기 좋지만 어쩔 수 없이 서로 기대고 있다는 생각이 든다. 보이지 않는 곳의 영역 다툼이 드세게 들려온다. 보이는 부분은 의좋게 보이고 안 보이는 부분은 한창 전쟁 중이다.

사람들이 서로 만날 때는 웃지만 돌아서면 비난과 비판을 하며 불만을 품는 것과 비슷한 상황이다. 보이는 부분은 평화롭게 보이지만 보이지 않는 부분은 정신적 육체적 다툼이 계속 진행 중이다.

"누구든지 환영합니다."라고 말하는 것 같은 이 공원에 술병을 든 한 남성이 구석진 곳으로 간다. 공원은 반기는 것 같지만 실은 긴장과 불안을 느낀다. 하지만 그 누구도 편애하지 않고 공평하게 대한다.

공원이 품은 정신
– 해오름공원

수돗물 나오는지 수도꼭지 열어본다
지금은 잠금 상태 머잖아 열릴 예정
어느 날 줄줄 흘러서 생명을 깨울 테다

통나무 부식되어 부스러기 흙이 된다
바닥에 몇 년 동안 큰 덩치로 누워서
언젠가 자연으로 갈 마음 채비 했을 테다

과거는 현재 위해 밑거름을 남기면
새로운 생명들이 곳곳에서 소생하고
철따라 피고 지는 일 소리 없이 흐를 테다

남외동에 위치한 어린이공원이다. 저번에 한번 탐방할 기회를 놓쳐 오늘 다시 오게 되었다. 여기는 한발을 올리는 게 아니라 인도에서 한

발만 들이면 바로 공원이다. 턱이 없는 곳이어서 공원 흙들이 인도로 흘러나와 있다. 공원안내도가 있는 곳에서 바로 보이는 것은 아이들을 위한 생태놀이터다. 볼거리와 놀거리가 많다.

일단 주변부터 둘러보기로 했다. 진노랑의 수도시설이 앙증맞게 설치돼 있어 수도꼭지를 돌려보았다. 잠긴 상태였다. 몇 걸음 걸은 곳에도 수도시설이 있었는데 그것도 역시 잠긴 상태였다. 흙길로 조성된 공원의 공기는 초록으로 인해 더욱 신선하게 다가왔다. 양쪽으로 길게 조성된 공원의 가운데는 불룩했다. 꼭 고래 뱃속을 거니는 기분이었다.

여기 공원의 생태놀이터에는 꽃잎쉼터·통나무징검다리·통나무평균대·로프오르기·거목평균대·토굴·잔디마당·꽃잎스텐드·드래곤조합놀이대·고목놓기·통나무놀이기구 등이 있다. 드래곤조합놀이대는 용의 형상을 본뜬 것으로 그물 위에서 모험심을 기르기에 제격이었다. 빙글빙글 미끄럼틀도 타며 재미있게 놀아보기를 권하는 것 같았다. 동심을 자극하며 동심을 길러내는 장소로 손색이 없어 보였다. 공원 한쪽 면이 아파트와 어린이집에 인접해 있었다.

공원 면적이 3000㎡ 이상이다 보

니 여유 공간이 많았다. 사람들이 낸 발자국에 의해 굳은 땅도 많이 보였다. 거기에는 풀 한 포기도 나지 못할 것 같았다. 공원은 어디에 있어도 찾게 되는 게 사람의 심리인 것 같다. 이 공원은 차들이 많이 다니는 곳에 위치하고 있어 사람들이 쉽게 오갈 수 있다. 나도 오늘 이 공원 곳곳에 발자국을 남기며 화단 가까이 가 보았다.

오색동백나무에 대한 설명이 있다. 꽃은 8~9월에 피고 희귀한 품종으로 한 나무에서 여러 색상과 무늬로 꽃을 피운다고 돼 있다. 지금 영산홍은 지고 있지만 다른 꽃들은 필 생각을 하고 있다. 사람이 가고 오는 것처럼 일찍 핀 꽃들이 지고 나면 그 뒤를 잇는 꽃들이 또 있기 마련이다. 자연의 이치를 생각하며 나무 벤치에 앉는다. 비둘기 한 마리와 까치 두 마리가 풀잎에 있는 열매를 따 먹는다. 풀을 잡아 흔드는 것 같기도 하고 톡 쪼는 것 같기도 하다.

조합놀이대 옆에 있는 통나무들이 부식되어 있다. 나무의 속살이 가루처럼 부서지고 있다. 천연재료여서 땅들이 흡족히 입을 벌리고 있을 것 같다. 저 썩은 나무속에서 어느 날은 굼벵이들이 기어 나올지도 모른다. 아이들은 나무 속살에서 꿈틀대는 벌레들을 보고 놀란 나머지 급히 엄마를 부를지도 모른다. 멀지 않은 곳에 목련나무가 이름표를 달고 반긴다. 갑자기 목련 노래가 생각나 흥얼거려본다.

가시나무의 잎들이 수북히 산책로에 떨어져 있다. 이 나무는 상록수이지만 생명이 다한 잎을 수시로 떨어뜨리기에 봄인데도 겨울 느낌이 난다. 낙엽이 되었지만 잘 바스러지지 않고 자신이 강한 잎임을 자랑하는 것 같다. 바라보는 것도 좋고 밟는 느낌도 좋다. 나뭇잎에 자신의 이름을 써보거나 나무에게 하고 싶은 말을 써 봐도 유익할 것 같다.

공원 조성이 오래 된 것을 말해 주듯 공원 안 여기저기로 사람들이 낸 길들이 많이 보인다. 세 개의 길이 모여 하나의 길이 된 곳도 있다. 걸어온 길은 달라도 모이는 길은 한 길이다. 우리 삶도 그렇지 않나. 살아낸 모양은 달라도 언젠가는 한 길로 통하니 말이다. 나누어진 길 모인 길 생겼다가 없어진 길들이 공원에 터를 잡고 있다.

나무를 심은 곳에는 흙의 유실을 막기 위해 그물망 비슷한 걸로 나무를 싸놓았다. 나무가 있는 곳이 약간 불룩하여 자세히 보니 그렇게 돼 있다. 나무를 위한 세심한 배려이다. 공원에서 생산되는 마음들이 많다. 그중 하나가 배려이다. 그것에 대한 생각을 멈추지 않고 나무 주변을 계속 맴돈다. 잠긴 게 곧 풀릴 것 같은 해오름공원을 기쁜 마음으로 응원한다.

길에서 길을 배운다
− 정지말공원

오른쪽 방향 틀어 송덕비 묵독하고
뒤쪽에 벚나무들 일일이 칭찬하고
앞쪽에 은행나무들 곧게 자람 치하한다

곡선 길 오솔길을 반갑게 맞이하고
소나무 지켜내는 노역을 위로하고
우듬지 싹을 틔우는 배롱나무 우러른다

파고라 앉아 있다 책 향기 따라가니
왼쪽에 자리 잡은 도서관이 손 내민다
서로의 만남이 좋아 헤어질 일 아득하다

남외동에 소재한 어린이공원이다. 산전샘 끝 마을에 예부터 정지말 놀이터가 있었는데 그것이 정지말공원으로 새롭게 태어났다. 토요일 오후에 찾아간 이곳에는 아이들이 그네를 타며 재미있게 놀고 있었다. 들어서는 입구부터 공원길이 시원스럽게 보였다.

주변이 아파트 단지인 이유도 있지만 인근에 학교들이 있어 아이들이 시간 보내기에 아주 유용할 것 같았다. 어른들은 운동기구에서 몸 풀기에 여념이 없고 강아지들은 산책하면서 신이 나 있다. 이어폰을 꽂고 뭔가를 골똘히 생각하는 사람과 아이들 모두 힐링의 시간이 되고 있다. 알 수 없는 무언가가 마음을 풍성하게 채워 주니 한층 기분이 고조된다.

넓고 긴 길 오솔길 좁은 길 속삭이는 길 저절로 난 길 갈라지는 길

모이는 길 유독 길들이 많다. 입구에서 오른쪽으로 먼저 방향을 정한다. 은행나무를 앞쪽에 벚나무를 뒤쪽에 둔 채로 어떤 비가 보인다. "해석 정해영 선생 송덕비"다. 후면에는 그분이 걸어온 길을 가득 새겨 놓았다. 내용을 모두 묵독하니 왜 여기에 이 송덕비가 있어야 하는지를 알 것 같았다.

그는 생전에 인재를 기르

는 '동천학사'를 서울 성북동에 지어 서울 유학이 어려운 지역 인재들을 기숙케 했다. 그리고 학생들에게 장학금도 주었다. 이곳에 오는 모든 아이들이 정해영 선생의 귀한 업적을 기억하고 울산의 자랑스러운 인물이 되었으면 하는 바람을 가져보았다. 주변에는 노란 꽃의 야생화들이 무더기로 피어나 송덕비를 추앙하고 있는 듯했다.

터가 넓은 곳이어서인지 공간 활용도 넉넉하게 돼 있다. 나무들의 간격도 적당하고 수목도 다양하다. 길도 다양하여 자신이 걷고 싶은 길을 가도 되고 싫증이 나면 또 다른 길을 선택해도 된다. 길에서 길을 배운다는 말을 실천하는 공원이라는 생각을 해 본다.

여기에도 가시나무의 잎들이 낙엽되어 이리저리 흩어져 있다. 은행나무들과 소나무들이 키 재기를 하는 듯 서로 마주 보고 높이를 경쟁한다. 가을에는 노랗게 물든 은행잎을 바라보는 기쁨이 한층 더 있을 것 같다.

디딤돌이 한 사람 밟기 딱 좋을 정도의 크기로 놓여 있다. 평소 직선 길보다 곡선 길에서 여유로움과 부드러움이 느껴진다고 생각했는데 마침 여기 길이 거의 곡선 길이어서 그것을 맘껏 누릴 수 있었다. 오솔길처럼 속삭이는 길을 지나니 황톳길이 이어진다. 모두 평평한 길이어서 야자매트를 까는 일은 필요치 않아 보인다. 미끄러질 이유도 없고 오르기 힘든 길도 없으니 발 디딜 때마다 편안함을 느낀다. 울퉁불퉁함이 전혀 없는 평지 길을 느긋하게 걷는다.

원형화단에 세 그루의 소나무가 합숙하고 있다. 한 나무는 길 쪽으로 기우뚱 고개를 숙이고 있다. 그러고 보니 지지대가 세워져 있다. 중심을 못 잡고 힘들어하는 저 나무에게 지금 절대적으로 필요한 구세주다. 아이들도 마찬가지다. 학교생활이 힘들어 기우뚱거릴 때 어른들이 힘을 주는 역할자가 돼야 한다. 도움이 필요한 시기에 적절한 조치를 해 준다면 그 누구도 낭떠러지로 떨어지는 일은 없을 것이다.

파라곤이 두 개씩 쌍을 이루며 세 군데에 설치돼 있다. 공원에서 비를 피할 수도 있고 햇볕을 가려주는 역할도 하니 일거양득이다. 이 공원은 오른쪽에는 송덕비를 배치했고 왼쪽에는 도서관을 배치했다. "가까운 도서관 책 읽기 좋은 중구"라는 작은 건물이지만 저기에 있는 책을 아이들이 모두 읽는다면 세계를 움직이는 사람이 되지 않을까 싶다. 공원에서 책 읽는 기분은 어떨까. '꿩 먹고 알 먹고, 도랑 치고 가재 잡고'일 것이다. 훌륭한 분의 송덕비를 가슴에 품고 책을 펼친다면 잡념은 어느덧 우주 밖으로 사라질 테다.

도서관 뒤에는 화장실이 보인다. 책 속에 빠진 아이들이 끝까지 한 권의 책을 다 읽고 갈 수 있도록 한 배려로 보인다. '책 속에 길이 있다. 여기에는 길이 많다. 길이 필요할 때 이곳으로 오라.' 갑자기 나는 웅변가가 되어 마음속으로 외친다. 정지말공원의 조화로움을 생각하니 마음이 더욱 뿌듯해진다.

도시바람길숲
– 새이골공원

언덕이 마주한 곳 가운데는 하천이다
물줄기 약하지만 폭포수는 세차다
제방을 품은 새이골 도시길숲 곧 든다

언덕에 모인 새들 땅속을 파헤친다
풀들이 무성한 곳 먹이의 보고이다
사람들 가기 힘든 데 동물에겐 최적지

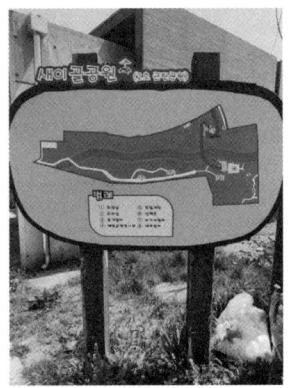

실물을 보존하여 사람을 부르는 곳
제방의 항온항습 생명처럼 보살피니
약사동 제방유적지 살아있는 전시관

근린공원 2호인 이곳의 면적은 방대하다. 부지가 넓으니 관리가 힘들지만 새로운 것을 조성하기에는 좋은 조건이다. 내가 찾아간 날

'도시바람길숲' 조성사업이 한창이었다. 도로와 가까운 인근 약사샘을 거쳐 아래 데크를 이용하면 공사 현장으로 바로 갈 수 있다.

이 공원은 현재 휴게쉼터·제방유적지전시관·진입계단·산책로·피크닉쉼터·데크쉼터로 구성돼 있다. 제방유적지 전시관으로 내려가는 길에는 높은 언덕이 하천을 사이에 두고 양쪽으로 넓게 펼쳐져 있다. 보통 골이라는 말은 골짜기를 두고 하는 말이니 이곳이 왜 새이골공원으로 명명되었는지를 알게 하는 힌트가 되었다. 높은 언덕을 두고 하천이 골을 이루는 데서 나온 말일 것이다.

인부들이 나무를 옮기고 심고 하는 모습에서 곧 짜임새 있는 공원이 조성될 것이라는 생각이 든다. 이 공원이 무엇보다 특별한 점은 귀중한 약사동제방유적전시관을 품고 있다는 것이다. 이곳에 도시바람길숲이 완공되면 쾌적한 바람을 맞이하고 도시민들의 생활환경 개선은 물론 탄소흡수원을 확보하고 아름다운 경관을 즐기게 될 것이다.

언덕에 나무는 몇 그루 없고 풀들만 무성하다. 한 언덕에 비둘기들이 모여서 뭔가를 쪼고 있다. 음식물을 버려놓은 곳인지 벌레들이 많은 곳인지 확인은 안 됐지만 먹잇감이 있는 것만은 확실했다. 골에 접어드니 살짝 골바람이 느껴지는 것 같기도 했다. 이 공원의 으뜸은 뭐니 뭐니 해도 제방유적지전시관이다.

약사동제방유적전시관은 2017년 개관한 박물관이다. 이것은 중구 약사천의 옆 구릉을 연결하여 하천을 가로막아 쌓았던 둑으로 삼국시대 말에서 통일신라시대에 축조됐다. 제방 안에 전시관까지 만들

어져 있으니 아주 신기하고 귀하게 생각된다. 제방전시실은 실제 제방 단면의 전시물을 전시관 한쪽 벽면에 네 개의 단으로 배치하여 축조 당시의 제방 규모를 직접 볼 수 있다. 모형이 아니라 실제 제방의 모습을 그대로 전시했으니 눈여겨볼 만하다. 약사동 제방은 좌우를 계단 모양으로 깎아 바닥을 만든 후 모래흙 조개껍데기 등을 깔고 그 위에 흙을 겹겹이 쌓았다. 흙 속에 풀이나 나뭇가지를 깔아 흙을 단단히 붙잡은 것은 눈에 띄는 부분이었다. 약사동 제방의 높이는 아파트 사층 정도이다.

　제방유적지를 보존하려면 습도에 많은 신경을 써야 한다. 항상 50~60도를 유지해야 하고 습기가 많은 날은 선풍기 에어컨 같은 것을 가동하여 습기를 증발시켜주는 일도 해야 한다. 제방유적지에는 습도계가 양쪽에 놓여 있다. 습기를 머금으면 허물어질 수 있으니 그것을 막기 위해 표면을 단단히 하고 있는 것이다. 비가 많이 오는 날은 더욱 신경을 써야 할 부분이라고 한다.

관리자들의 많은 노력을 기억하며 밖으로 나왔다. 인부들이 도시바람길숲 조성을 위해 나무를 식재하고 흙을 다지고 있다. 이미 작은 묘목들이 심어져 있고 미루나무 몇 그루도 날씬한 자태로 하늘을 향하고 있다. 넓은 하천의 물줄기는 약하지만 물 흐르는 소리는 힘차게 들린다. 자세히 보니 작은 폭포수에서 나는 소리였다. 약사샘에서 데크가 길게 놓인 까닭은 경사진 언덕 지형 때문이었다. 흙을 일일이 북돋을 수도 없는 점을 감안하여 데크 로드가 지그재그로 놓인 것이다.

공원 주변에는 최근에 생긴 듯한 종갓집 공공실버주택이 있다. 이 공원은 실버주택에 거주하는 사람들이 주야로 산책도 하고 자연도 만날 수 있어 좋은 공간이 될 것 같다. 주변에는 산들이 있어 공기가 아주 쾌적하게 느껴졌다. 이 공원이 약사샘과도 인접하고 있어 여러모로 좋아 보였다. 약사샘 화단에는 매실나무들이 몇 그루 서 있다.

매실들이 주렁주렁 열려 사람들을 곧 부를 것 같다.

　황방산과 입화산의 맑고 신선한 공기가 중구 도심으로 걸림돌 없이 내려올 수 있는 형국이니 아주 좋은 조건으로 보인다. 이미 조성된 공원과 연계한 도심정원을 만들면 더욱 살기 좋은 곳이 될 것이다. 이 공원의 곳곳을 둘러보는 것은 조금 자제했다. 약사동제방유적을 알게 된 것만 해도 마음이 꽉 채워진 탓이다. 이것은 학술적·역사적인 가치가 높아 국가 사적 제528호로 2014년에 지정되었다. 문화재적 가치가 탁월하여 국내외 학계에서 전시관 건립이 추진되었던 것이다.

　나는 제방유적지에서 높은 언덕과 하천을 보며 긴 시간을 보냈다.

독수리 비상 돌담
- 독수리공원

달빛은 하늘에만 있는 게 아닐 거다
우리네 마음속에 눈 속에도 살아 있다
밤이면 달빛가로등 검은 길을 밝힌다

도시의 불빛들이 크게 작게 반짝인다
달빛을 기다리는 동심이 한데 모여
화단에 심은 둥근 씨 달님으로 피어난다

성안동에 위치한 어린이공원이다. 씩씩하고 용감한 컨셉으로 조성된 공원일 것이라는 생각을 하며 공원안내도가 세워진 곳의 앞에 섰다. 풀밭에 앉아 있을 독수리 나무 위에 앉아 있을 독수리를 생각하며 위아래를 다 훑었지만 그것의 존재는 보이지 않았다. 왜 그런 이름을 붙였는지 천천히 살펴보기로 했다.

운동시설 파고라 조합놀이대 별자리놀이대가 눈에 들어오고 이팝나무 회양목 목수국들의 이름이 보인다. 이곳에서 목수국의 종류인 라임라이트와 바닐라프레이즈를 만났다. 가장자리 쪽부터 천천히 돌아보기로 했다. 신형인 듯한 파고라 두 군데를 거쳐 도착한 곳은 큰 돌로 쌓아 올린 돌담 벽이었다. 돌담이 시작된 곳은 낮았다가 갈수록 높아지는 형국이었다. 꼭 독수리가 비상하는 모습을 재현한 것 같았다. 계속 독수리를 기대하는 마음을 접을 수 없었던지 돌담 벽 사이에서 큰 독수리 한 마리 금방이라도 날아오를 것 같아 잠시 긴장을 했다. 동심은 그것으로 끝이었다.

그런 상상은 결코 일어나지 않았다. 독수리는 이제 더 이상 기다리지 않기로 했다. 화단에는 얼마 전에 식재한 듯한 측백나무 몇 그루가 보인다. 간간이 조형의자들이 초승달 모양을 하고 손님을 기다리고 있다. 타일 바닥에는 애들이 한 낙서가 보인다. 크게 적어서인지 잘 보인다. 개인에 대한 내용인 만큼 빨리 지워져야 할 것 같다. 공공을 위한 시설물에 자신의 감정을 표출한 철부지 행동이 안타깝다.

붉은 타일을 밟으며 걸음을 멈춘 곳은 또 다른 안내도가 설치된 곳이었다. 이곳에서부터 달빛누리길인 달빛코스와 별빛코스를 설명해 두었다. 울산지방경찰청에서 성안중

학교 백양초등학교 울산애 니원고등학교 성안파출소 까지가 달빛코스이고, 벽산 이빌리지아파트에서부터 함월구민운동장 성안생활 체육공원을 거쳐 성안금호 타운아파트까지가 별빛코 스라고 돼 있다. 그리고 보 니 돌담 벽의 반대편 담 옆 에 달을 상징하는 듯한 하

얗고 동그란 전구들이 긴 대에 끼워져 곳곳에 세워져 있다. 간간이 나비와 잠자리 같은 곤충들도 섞여 있다. 하얀 전구는 아이들 주먹만 한 크기로 아주 앙증맞게 보였다. 밤이 되면 이곳저곳에서 달빛을 반짝일 것 같았다.

자연보호라는 돌비석이 세워진 곳의 입구에는 작은 크기의 대나무 통이 여러 개 세워져 있다. 흰색과 민트색을 칠하여 밝고 이색적으로 보였다. 운동기구가 놓인 곳을 지나 데크가 놓인 곳에는 그리니치천문대를 나타내는 말인지는 알 수 없지만 통합기준점과 위도 경도가 희미하게 나타나 있고 국토해양부 국토지리정보원장이라는 말로 끝을 맺어 놓았다.

마지막으로 보려고 아껴두었던 별자리놀이대로 향했다. 외관상으

로는 우주선 모형이다. 세 개의 다리가 있고 둥근 통 안에는 별자리를 볼 수 있도록 아랫부분이 뚫려 있다. 뚫린 부분으로 고개를 넣으니 통의 천장에 별자리들이 새겨져 있다. 아이들은 과학 시간에 배울 별자리를 미리 이곳에서 만날 수 있다.

 공원에 심어 놓은 묘목들이 뿌리를 내리고 잎과 줄기를 키워가듯 아이들도 이곳에서 꿈을 키울 것이다. 어떤 아이의 꿈은 벌써 나무의 우듬지까지 비상했을지도 모른다. 이곳은 놀기만 하는 곳이 아니라 놀면서 배움도 함께 하는 곳이다. 이곳에 독수리는 없어도 괜찮다. 밤만 되면 화단에서 달님이 피어나니까.

두 기류 공존
– 신기공원

이름은 신기하나 직접 보니 모르겠다
파라곤 두 군데서 각기 다른 모양 본다
한쪽의 아주 큰 소리 다른 쪽의 속삭임

조용히 지켜보던 가시나무 긴장하다
푸른 잎 여러 개를 한꺼번에 떨군다
그 옆에 단풍나무도 손가락질 못 참는다

한 곳에 비스듬히 기운 채 선 소나무
세 그루 소나무는 배려의 달인이다
큰 소리 나는 곳 향해 배우라고 일침한다

태화동에 소재한 어린이공원이다. 신기마을은 신령한 기운이 스민 곳이라는 뜻을 지니고 있다. 지금 도착한 신기공원도 그런 맥락이기

를 바라며 공원 입구를 들어서는데 중년의 남자들 목소리가 울퉁불퉁하게 들렸다. 파라곤에 자리한 사람들 중에 유독 한 사람이 언성을 높이고 있었다. 함께 한 사람들 사이에는 긴장감이 흐르는 듯했다. 남을 험담하는 소리가 몇 번이나 들렸다.

바로 옆 파라곤에는 고등학생쯤 돼 보이는 두 명의 여학생이 도시락을 먹고 있다. 부드러운 목소리들이 오가는 가운데 다른 쪽 파라곤에서는 여전히 그 남성의 목소리가 공원을 흔든다. 술을 먹은 탓인지 목소리도 약간 꼬인 채 들린다. 하지만 어쩌랴 이 모든 것을 공원은 묵인하고 품어주는 것에 익숙해진지 오래인 것을.

점심시간쯤 도착해서일까 주변 음식점에서도 음식 냄새가 폴폴 난다. 동서남북 각 방향마다 단독주택과 상가가 있어 공원이 그 속에 앉아 있는 기분이다. 공원에는 여러 수종이 골고루 보인다. 풀들도 자신의 키를 한껏 높이며 씨앗을 달기 바쁘다. 요즘 단풍나무가 절정이다. 여기도 많은 잎들을 달고 바람을 탄다.

공원을 진입하는 세 군데의 길이 있지만 누군가의 발걸음으로 인해 새로 난 길도 있다. 담이 아주 낮으니 조금만 다리를 올리면 어느 곳으로나 통할 수 있다. 공식적인 길을 외면하고 다른 곳으로 들어오는 사람은 자신만의 길을 개척하길 좋아하기 때문일 것이다.

이 공원은 태화동 바르게살기위원회에서 쾌적하고 아름답게 가꾸기 위해 노력하는 것으로 보인다. 약간 흙을 북돋운 곳에 화단이 조성돼 있다. 벤치가 놓인 곳으로 가려니 풀들이 디딤돌 사이로 많이 자라나 있다. 여름에도 풀을 제거하지 않으면 저 벤치는 무용지물이 될 것 같다.

공원을 흔드는 목소리에 놀랐는지 가시나무 잎들이 후루루 떨어진

다. 단풍나무 잎은 소리 나는 쪽을 향해 손가락질을 하고 있다. 굵은 단풍나무 줄기들이 다섯 갈래로 나뉜 채 화난 표정을 짓고 있다. 공원의 모든 소리를 들어야 하는 식물들의 고충이 표출되고 있다.

단풍나무를 매만지며 위로를 건넨 후 소나무 세 그루가 있는 곳에서 발걸음을 멈춘다. 서로

를 배려하는 소나무는 비스듬히 기운 채로 서 있다. 곧게 자라지 못하는 이유가 이웃한 나무에 대한 배려 때문이다. 저 위치에서 혼자 잘 살겠다고 몸을 곧추세운다면 세 그루는 모두 단명할 수도 있을 것이다. 소나무의 소중한 마음이 고스란히 읽혀 몸피를 쓰다듬어 보았다.

공원 전체를 두 바퀴 도는 동안 그 남자의 목소리는 계속되고 있었다. 불만 섞인 목소리로 "OO는 한 번도 술을 산 적이 없다."며 한 옥타브를 올렸다. 그러자 한 사람이 장단을 맞춘다. 다른 사람은 듣는 둥 마는 둥 그 말을 회피한다. 학생 두 명은 옆에서 그러거나 말거나 여전히 둘만의 시간을 속삭이고 있다. 평화와 전쟁이 공존하는 기분이 계속 든다.

처음 들어섰던 공원 입구로 나오는데 히말라야시다의 몸에 누런 액체가 흐르다 말라 있다. 맑은 송진 느낌으로 껍질에 붙은 그것은 노란빛을 약간 띤 흰색이다. 일자로 쭉 흐른 흔적이 세 군데로 보인다. 상처 난 나무는 지금 혼자의 힘으로 고통을 견뎌내고 있다. 지금 남의 입에 오르내리는 그 대상자도 자신을 욕한 것을 안다면 화난 감정을 다스리지 못하고 속으로 눈물지을지 모른다.

신기공원의 일심단결을 기원하며 두 손 모아본다.

둔덕에서 얻는 재미
– 황방공원

기대는 접어두고 무작정 도착하니
공원명 새긴 돌이 언덕 느낌 안겨주고
눈 앞에 펼쳐진 둔덕 예상 못한 득템이다

둔덕을 오른 아이 토굴을 지난 아이
한 뼘씩 자란 마음 서로서로 자랑하고
펼쳐진 모래놀이장 너도나도 함박웃음

느림을 말하고는 성장을 서두르고
빗물로 채운 양을 너도나도 셈을 하며
나무집 지구 보호란 말 곧바로 터득한다

    서동에 자리한 어린이공원이다. 언덕의 느낌이 있는 곳의 검은 돌에 흰 글씨로 황방공원이라고 적어놓았다. 별 기대 없이 왔는데 생태놀이터라는 글귀가 있어 반가움이 컸다. 득템한 기분이었다. 환경부의 지원을 받아 울산중구청에서 자연적요소와 자연재료를 활용해 생태체험학습과 휴식을 취할 수 있게 생태놀이공간을 만들었다는 취지의 글이 있다.

안내도의 범례에는 우물펌프·나무집·모래놀이장·미로정원·야생초화원·생물서식처(곤충호텔)·느린우체통·도서관·빗물저금통·토굴·언덕오르기·둔덕미끄럼틀 등으로 표기되어 있다. 생태와 관련된 공원은 이번이 두 번째이다. 공원 중앙에 미처 생각지 못한 둔덕이 있어 제일 먼저 올라가 보았다. 네잎클로버가 터를 잡고 한참 영역을 넓히고 있었다. 둔덕 안에는 모래놀이장이다. 주변으로 미끄럼틀과 나무집 언덕 오르기 판이 있다.

아이들이 둔덕을 오른 후 산에 오른 기분으로 야호를 외칠 것 같기도 하다. 둔덕놀이터는 개발 이전의 마을 언덕을 형상화한 것임을 설명해 놓았다. 시골 마을 뒷산 동굴을 탐험하듯 굴속을 통과하고 재미

있는 미끄럼틀을 즐기면 좋을 것 같다. 미끄럼틀에서 오른쪽으로 가 보면 "우리 동네에 새들과 곤충이 살고 있으니 나무에 걸려 있는 새 집과 곤충 호텔을 자세히 관찰하라"는 안내판을 볼 수 있다. 어떤 새 와 곤충들을 볼 수 있는지를 궁금히 여기며 아이들이 금방 달려올 것 같다.

미끄럼틀을 기준으로 앞쪽에 시선을 두면 "가까운 도서관"이라는 작은 도서관을 만날 수 있다. 빨간색의 테두리를 두르고 언제라도 아 이들을 반길 준비를 하고 있다. 도서관 옆에는 도서반납이라는 느린 우체통이 있고 오리 집배원 조형물이 친근한 모습으로 서 있다. 또 옆 에는 토기로 만든 빗물저금통이 동전만 한 구멍을 낸 채로 서 있다. 호기심이 발동한 아이들이 동전 하나 넣지 않을까 하는 생각으로 바 라보았다. 도서관 뒤와 옆에는 책을 읽을 수 있는 의자들이 놓여 있어 보기 좋았다.

속삭이는 흙을 밟으며 걸어간 곳은 나무를 이용해 둥근 모양의 울 타리를 만들어놓은 휴게 쉼터다. 자갈이 깔린 두 개의 휴게 쉼터는 많 은 수의 아이들이 한꺼번에 들어가도 지장이 없을 정도로 공간이 넓 다. 다양한 사각 의자들이 예쁜 색깔로 놓여 있어 마음에 드는 것을 선택할 수도 있다. 자갈로 숫자놀이도 하고 어떤 모양을 만드는 재미 에 푹 빠질 수도 있을 것 같다.

다리가 불편한 한 할아버지가 지팡이를 짚고 공원을 돌고 있다. 다 리가 아프면 파고라에 앉아 쉬기도 한다. 몇 명의 어른들은 운동기구를 사용한다. 공원은 확실히 도심의 허파로 자리매김됐다는 기분이 들면서 공원이 더욱 좋아지는 요즘이다. 산에 오르기는 힘들고 집에 있기도 지루하고 그럴 때 가까운 공원은 그런 부분을 해소시켜 주는 활력소가 된다.

둔덕에 앉아 네잎클로버를 찾으려고 하는데 인근 삼일초등학교에서 선생님과 아이들이 공원으로 들어오고 있었다. 일 학년쯤으로 돼 보이는 아이들은 파라곤에 앉아 선생님의 당부 말씀과 요구사항을 귀담아듣고 각자 들고 있던 비닐봉지에 자신이 마음에 드는 것을 찾아서 담았다. 한 아이가 클로버 꽃을 하나 따서 넣는다. 체험학습의 장이 제대로 실천되는 것 같아 공원의 역할을 다시 한번 생각해 보았다.

공원에서 책장을 넘기며 시간 가는 줄 모르는 아이들을 보는 어른들은 흐뭇하다. 통나무를 밟으며 꿈이 쑥쑥 자라는 아이들을 볼 때면 덩달아 웃음 지어진다. 생태놀이터에서 많은 꿈을 키워내는 아이들, 그것을 지켜보는 어른들, 이 어찌 흡족하지 않을 수 있을까. 뜻밖에도 특별한 기분이 드는 황방공원이 다시 눈에 밟힌다.

방심은 금물
– 장암공원

풀들을 베어낸 곳 풀 향기 은은하다
소나무 아래에는 솔방울 드러난다
달 같은 노란 공원등 단풍나무 잎을 문다

비둘기 여섯 마리 뭔가를 먹고 있다
까마귀 소리 듣고 모두 다 날개 편다
얼마 후 제자리로 와 다시 부리 움직인다

까마귀 아까처럼 똑같은 소리낸다
비둘기 아까처럼 또다시 날아간다
내용은 알 수 없지만 반복되는 이유 있다

성안동에 위치한 어린이공원이다. 한 번씩 계성삼계탕에서 모임을 가지곤 했지만 그 옆에 장암공원이 있는 줄은 몰랐다. 주소를 검색하여 도착했더니 바로 옆이었다. 바위와 연관을 지으면서 왔는데 바위는 보이지 않는다. 장암공원의 안내판이 많이 변색되어 바탕색이 선명하지 않다. 성안동 통정회에서 이 공원을 쾌적하고 아름답게 가꾸기 위해 노력한다니 새롭게 단장됐으면 한다.

풀의 계절로 인해 나무 사이마다 디딤돌 사이마다 풀들이 무성했는데 이곳은 깨끗이 벌초를 해놓았다. 베어 놓은 풀에서 풀 향이 났다. 소나무 아래 솔방울이 여기저기 떨어져 있다. 풀 속에 있을 때는 보이지 않던 것이 지금은 또렷이 자신의 존재를 알린다.

오후에 찾은 공원은 이제 해와 이별할 준비를 하고 있다. 강아지를 데리고 산책 나온 부부는 두 바퀴만 더 돌고 가자는 말을 한다. 가장자리는 화단이 빙 둘러져 있어 식물들 영역이다. 안쪽은 놀이기구와 운동기구가 차지하고 있지만 빈터가 훨씬 더 많다. 학교 운동장만 한 크기처럼 보인다. 연초록 잎을 피우는 단풍나무는 잎이 대형 우산처럼

펼쳐져 있다. 비 올 때 그 나무 밑에
있으면 비를 피할 수 있을 것 같다.
　오후의 햇살이 나무 사이사이 볕
뉘가 되어 그림자도 동반한다. 단
풍나무 옆에 달처럼 생긴 노란 공
원등 두 개가 운치를 더한다. 동백
나무 주변 곳곳에 황토색의 흙이
있다. 나는 사람들이 많이 밟고 간
그 흔적에 발자국을 남겨 본다. 주
변의 검은 부분과 확연히 다르다.

흙의 색깔을 보면 어떤 일이 있었는지를 가늠할 수 있다.
　무슨 나무인지 알 수는 없지만 한 나무가 생을 다했다. 히말라야시
다 옆에서 생장을 하다 도태된 것 같다. 새 봄을 맞이하지 못하고 앙
상한 나무로만 남아 있다. 모두 같은 터에 뿌리를 내리지만 이처럼 생
존 경쟁은 치열하다. 사람도 세상에 태어났다고 끝이 아니다. 자신의
길을 수없이 점검하고 부족한 부분을 노력으로 채우며 주어진 본분
을 다해야 한다.
　잔머리를 굴리거나 어렵다고 포기하거나 나태해지면 또래들과의
경쟁에서 밀리게 된다. 공원을 찾는 이들에게 공원을 관리한다는 느
낌을 줄 때 한 번 더 찾고 싶은 마음이 생길 것이다. 공원 관리자의 관
심과 애정으로 그렇게 되는 것이다. 풀이 없는 곳에서 비둘기들이 먹

이를 발견한 것 같다. 사람들이 흘린 음식 부스러기에 길들여져 있는 모습이다.

여기에서 비둘기를 제일 많이 본다. 무엇을 먹는지 궁금하여 가까이 가려는데 갑자기 까마귀 소리를 듣고 급히 날아오른다. 그리고 곧바로 다시 돌아온다. 잠시 후 또 까마귀 소리가 들리니 조금 전처럼 날아오른다. 어떤 암시를 줬기에 그렇게 했는지 모르겠다. 까마귀는 분명 가까운 곳에 없었고 멀리서 소리만 냈는데 말이다.

그렇다. 귀찮더라도 어떤 신호가 감지되면 먹던 걸 중단하고 저런 행동을 반복해야 한다. 까마귀가 옆에 있는 것도 아닌 상태에서 경계하고 조심하는 비둘기의 모습에서 생명을 오랫동안 지켜갈 것이라는 예감이 든다.

나는 늘 반복되는 일상이 싫어 일탈을 꿈꿔본 적이 있다. 비둘기의 모습에서 나의 부족한 부분을 다시 점검해 본다. 새들이 날아왔다 다시 날아가는 이유, 그렇게 되풀이하는 이유 장암공원에 있다.

제2부

사람을 부르는 공원

- 걱정되는 소나무
- 보살핌을 받는 안과 밖
- 봄인 듯 겨울인 듯
- 유익한 지름길
- 빗나간 기대
- 사람을 부르는 공원
- 사연 많은 팽나무
- 사통팔달처럼
- 삼단으로 이색적
- 새로 낸 사잇길들

걱정되는 소나무
– 당고개공원

키가 큰 세 그루 중 한 그루 푸름 없네
가운데 소나무가 앓고 있는 무서운 병
또 다른 이웃 나무도 이리 될까 걱정이다

안내판 있는 곳에 수형 좋은 소나무
잎들이 붉어지니 앞일이 뻔할 뻔자
주민들 손에 손 잡고 골든타임 지킬까

성안동에 위치한 공원이다. 서쪽을 통해 진입한다면 고개와 관련이 있다는 걸 알게 된다. 반대로 동쪽에서 진입한다면 고개와 무관하게 된다. 차를 가지고 서쪽으로 방향을 잡으니까 운치 있는 고갯길을 지나 공원을 만났다는 기분을 가지게 한다. 서쪽에서는 돌계단을 밟고 공원에 오를 수 있다.

동쪽에 차를 세우고 공원안내판이 있는 곳으로 방향을 잡았다. 공원이 반듯하게 넓지 않고 기다랗다. 왼쪽에는 벤치와 파라곤이, 오른쪽에는 놀이시설이 있다. 크기는 작지만 구조가 안정적이고 배치도 잘 된 듯 보인다. 나는 공원 동쪽 입구에서 진입을 했다. 타일 바닥이 편편하지 않아 주의가 필요했다.

덮개 모자를 쓴 네 개의 공원등이 정답게 시선을 붙잡는다. 좌측에는 소나무 세 그루가 있는데 가운데 한 그루가 소나무재선충에 걸렸는지 잎이 붉게 말라 있다. 양쪽에 있는 두 나무가 위험해 보였고 관리자의 대처가 필요해 보였다. 공원안내판이 있는 바로 옆 소나무도 말라가고 있다. 수형도 보기 좋은데 앞으로 이 나무의 운명도 어떻게 될지 마음이 쓰인다.

여기는 두 개의 출입구가 있다. 동쪽과 서쪽이다. 그런데 누군가 낸 흙길이 하나 보인다. 서쪽은 도로 건너 산을 가까이 두고 있으며 다른 쪽은 주택을 접하고 있다. 성안발전협의회에서 공원을 가꾸기 위해 노력하는 것으로 보인다. 아이들의 놀이기구가 있는 곳에는 모래가 밖으로 나오기 쉽도록 되어 있다. 경계가 없고 모래가 담긴 놀이터 면이 더 높아 바깥쪽으로 많이 유실되고 있다.

한 개의 파라곤에는 디귿형의 의자가 놓여 있다. 신발을 신은 채로 앉았다 바로 설 수 있는 구조이다. 바닥 타일이 눈을 편안하게 하고 자연미를 더 느끼게 한다. 옆에 있는 두 개의 벤치가 일자형

이 아닌 라운드형이어서 부드러움을 준다. 사람을 편안히 감싸줄 것 같은 기분을 갖게 한다. 몇 걸음만 걸으면 공원을 금방 다 둘러볼 수 있지만 고개 위에 아늑하게 자리하고 있다는 특성이 있어 부족한 부분을 다 잠재울 것 같다.

히말라야시다가 곧게 서 있다. 어느 공원에 있기도 하고 없기도 한 그런 나무인데 새로 생긴 공원보다 기존의 공원에 거의 다 있는 편이었다. 나무들을 보면 그 공원이 생긴 역사를 알게 되는 것 같다. 부족한 듯 보이지만 실용적이기도 한 이 공원에서 아늑함이라는 단어를 다시 떠올리며 남은 소나무들의 안전을 빌어 본다.

보살핌을 받는 안과 밖
– 햇빛공원

보살핌 받는 곳은 따듯함 피어난다
누군가 약자 위해 선의를 베푼 곳엔
발걸음 오래 머물러 그 마음을 닮는다

사람들 밟은 땅 풀 한 포기 안 나지만
뿌리 끝 싹 올리는 벚나무의 고군분투
구름이 방해를 해도 주저하지 않는다

성안동 경동원츠힐과 경동햇빛마을아파트에서 쾌적하고 아름답게 가꾸기 위해 노력한다는 햇빛공원을 오후에 방문했다. 들어서는 입구에 '담배꽁초는 재떨이에'라는 글귀와 함께 앞쪽에 소주병 하나 담긴 재떨이가 보인다. 공원 담에 부착된 안내판에는 지역주민 스스로 건강하고 행복한 마을 만들기를 위한 주민공동체 사업으로 1단체(아파트)1공원 가꾸기 봉사단이 돌보고 있다는 말도 있다.

공원을 돌본다는 말에서 사람의 정이 묻어난다. 삼면이 높고 낮은 언덕으로 둘러져 있고 한면은 경동햇빛마을아파트와 접하고 있다. 아파트에서 공원으로 연결된 길이 있어 사람들이 자주 오간다. 검은색의 낮은 철봉이 보인다. 어찌 보면 철봉이 아닐 것 같기도 하다. 가장자리에 형성된 약간 높은 화단에는 사람들이 낸 길이 있다. 얼마나 땅이 단단해졌던지 풀이 한 포기도 나지 않는다.

지는 해에 의해 나무들의 그림자가 길게 생긴다. 햇빛이 많이 들어오는 곳이어서인지 벚나무의 뿌리가 줄기로 되어 새순이 파릇하게 올라와 있다. 뿌리가 줄기로 된 게 족히 2미터는 넘을 것 같은데 흙 위로 올라온 뿌리줄기 끝까지 잎이 달려 있다. 영양분이 이렇게 골고루 전달된다는 것이 놀라웠다. 뿌리줄기가 이렇게 길 수 있다는 것도 놀라운 일이었다.

동백나무가 몇 개의 꽃을 피운 곳에 개집으로 보이는 집, 아니 고양이 집으로 보이는 집이 있다. 누가 나무로 그럴 듯하게 만들어놓았다. 기둥이 약간 기울었지만 중심이 잘 잡힌 것 같다. 먹이통에는 그들을 위한 먹이가 가득 담겨 있다.

햇빛이 오랫동안 머물러도 될 것 같은 공간이다. 그 옆에 또 다르게 생긴 집 하나가 있다. 하나는 기둥을 세웠고 다른 하나는 땅과 가깝다. 마음이 따뜻한 사람들 햇살을 많이 만난 사람들이 동물을 사랑하는 마음으로 이런 선의를 베푼 것 같다.

햇빛공원이어서 곳곳이 따사롭다. 아이들은 놀이 공간에 모여 블록 놀이를 한다. 서로 하고 싶은 말이 공원을 가득 채운다. 공원 곳곳에는 별다른 게 없지만 이름에서 빛을 품고 있어 마음 빛이 달라진다. 지금까지 만난 공원 중 이곳에서 만난 사람들이 제일 많은 것 같다. 사람들이 공원에 나오는 시간대에 내가 왔기 때문인 것 같기도 하지만 느낌이 다르다. 어린아이를 아빠가 시소에 올려놓으니 해맑은 웃음이 바로 터져 나온다. 할머니가 손녀를 바라보는 모습이 정답고도 정답다.

이곳은 벌초는 되지 않았지만 보기 싫거나 정리가 되지 않았다는 생각이 들지 않는다. 공원을 벗어나려니 왠지 허전함이 밀려온다. 뭔가를 놓치고 나온 것 같은 기분이다. 다시 공원의 모습을 눈에 담고 나오는데 전봇대를 완전히 포위한 담쟁이덩굴이 보인다.

햇빛공원의 안과 밖은 이처럼 햇빛의 보살핌을 동시에 받고 있는 것 같다. 지금 담쟁이덩굴은 공원 안을 들여다보며 만족스러운 표정을 짓는다. 공원의 안과 밖에 골고루 스민 햇살은 엄마의 따듯한 품을 생각나게 한다.

봄인 듯 겨울인 듯
– 유곡공원

나뭇잎 떨어뜨린 가시나무 몇 그루
방금 막 떨어진 듯 낙엽이 싱싱하다
새로 단 나뭇잎들도 풍성하고 건강하다

햇살을 따라 자라 나무 모양 자유분방
그래도 개성 있어 보는 재미 푸짐하다
나무가 자라는 대로 그냥 두니 화기롭다

 유곡동에 있는 이 공원의 주변은 상가이다. 그래서인지 오전 10시 인데도 음식 냄새가 공원 내에도 감돈다. 7호 어린이공원인 이곳의 나무들은 자유롭게 자신의 몸집을 키우고 있다. 어린이공원답게 놀이기구들이 안정적으로 설치돼 있다. 이 공원의 주인공들은 학교나 유치원, 어린이집에서 시간을 보내고 있으니 지금은 만날 수가 없다.
 나는 가시나무가 빙 둘러선 공원 옆에 차를 주차했다. 지금은 한창

봄인데도 낙엽들이 도로와 공원에 쌓여 있다. 금방 떨어진 것처럼 바스러지지 않고 온전하다. 잎이 두꺼운 가시나무 낙엽들이다. 여기 공원 안내도에는 운동기구가 있는 곳이라는 말로 통칭하지 않고 기구 이름을 일일이 나열해 놓았다. 그만큼 범례에 쓸 내용이 빈약해서일 것 같기도 하다. 톨링웨이스트·체어웨이트·스텝싸이클·풀웨이트·트윈바디실업, 이렇듯 다섯 이름을 포함시켰다.

아이들이 사용할 수 있는 놀이기구인 조합놀이대·그네·흔들놀이대와 모두의 쉼터인 파고라가 설치돼 있다. 벤치에는 누가 버린 쓰레기들이 몇 개 있다. 여기는 자연적으로 나무들이 자라는 것 같다. 전지를 하지 않고 그대로 두었다. 오래전에 생긴 공원이라는 느낌을 갖게 한다.

가시나무 밑에 서서 낙엽을 밟으니 쿠션을 밟는 기분이다. 누가 보지 않는다면 한 번 그 위를 구르고 싶다. 원래 이 나무의 잎이 두껍고 강해서 생명이 다했는데도 잘 바스러지지 않는다. 여기에서 시간을

보내는 아이들 모두 건강하고 강하라는 의미로 심은 건 아닌지를 생각해 본다. 감나무와 매실나무도 보인다. 감이 열리면 아이들은 감을 하나 따고 싶어 손을 내밀 것이다. 나무에서 열리는 열매를 보고 좋아할 아이들의 모습이 떠오른다.

　상가가 에워싸고 있는 공원은 사람들이 보이지 않는다. 바쁜 시간대여서인 것 같다. 밤이면 영업을 끝내고 이곳에서 정담을 나눌지도 모른다. 한가한 시간이 되면 이곳 사람들은 홍가시나무의 붉은 잎을 만지며 이 공원에 더욱 애정을 가질 것이다. 나무가 자라는 대로 그대로 수형을 인정해 주는 유곡공원이 정답다.

유익한 지름길
– 청구뜰공원

지형을 살린 지혜 높은 점수 주고 싶다
버리는 땅이거나 포기가 될 뻔한 땅
특징을 그려내고는 사람들을 부른다

언덕이 비스듬히 경사가 심한 곳에
삼단을 구분 지어 공간을 활용하고
공원길 지름길 되어 사람 발길 머문다

성안청구타운아파트에서 가꾸는 곳이다. 안내도가 있는 곳으로 진입을 했다. 도로 맞은편에는 한국방송대학교가 자리하고 있다. 차도 옆에 인도, 인도 옆에 인접한 이 공원은 경사진 언덕으로 형성되었고 대체로 이끼들이 많다. 물이 많이 스며드는 곳인지 배수로가 잘 확보돼 있다.

이 공원은 삼단으로 돼 있다. 제일 윗단은 어린이 놀이시설이 있다.

바닥에 깔린 모래를 얼마나 많이 밟았는지 작은 발자국들이 군데군데 포개져 있다. 인도와 경계를 나타내는 울타리는 철재로 돼 있는데 녹이 많이 슬었다. 안내도는 새 단장을 했는데 다른 것은 세월의 흔적이 많이 묻어 있다. 윗단에서 아랫단으로 내려갈 때는 돌계단이다. 누구나 발을 디딜 때 조심을 해야 한다.

가운데 단에는 은행나무 벚나무들이 주인공으로 자리하고 있다. 그 외에는 이끼와 떨어진 낙엽들이다. 면적이 넓지 않아 몇 걸음 걸으면 바로 끝이 난다. 다시 제일 아랫단으로 내려가면 썰렁하다. 가운데는 타일 바닥으로 넓게 이루어져 있고 가장자리 쪽으로는 몇 그루의 나무가 있다. 넓은 터에 벤치가 두어 개 놓여 있고 시선을 끄는 곳은 거의 없다.

이끼가 많다는 생각을 하며 다시 가운데 단을 거쳐 윗단으로 오른다. 섬잣나무들이 왕성하게 잎을 펼치고 있다. 단풍나무도 잎을 푸짐하게 달고 치마를 펼친 듯 서 있다. 자꾸 이끼들이 보인다. 살짝 당겨본다. 흙들을 꼭 붙잡고 있다. 다시 있던 자리로 내려놓는다. 지형이 편편하지 않은 이런 곳까지도 공원으로 살려낸 것에 대해 높은 점수를 주고 싶다. 포기할 수 있는 땅에, 버려질 수 있는 땅에, 주민의 삶을 우선으로 여기고 공원을 조성했으니 놀랍고도 고마운 일이다.

공원은 주민들에게 다른 곳으로 둘러 가는 시간을 줄이고 아래로 바로 내려갈 수 있는 지름길을 제공해 주고 있다. 사람들이 공원안내도가 있는 곳으로 많이 들어와서 처음에는 공원을 찾아오는 방문객인 줄 알았는데, 집으로 가기 위한 통행객이라는 걸 나중에서야 알게 되었다. 에둘러가지 않고 직선 길이라는 이점이 있어 공원을 오가는 사람 수가 많았다. 돌계단을 능숙하게 밟고 가는 것을 보니 아주 익숙해진 길로 여겨졌다.

거의 다 둘러본 것 같아 다시 한번 공원 풍경에 눈 맞춤하고 인도로 발을 디디는데 전봇대 쪽으로 기운 소나무가 보였다. 소나무재선충에 걸린 것도 아닐 텐데 솔잎이 붉게 변해 있었다. 전깃줄에 빨갛게 익은 건지 알 수는 없었지만 약간 기운 채 공원 밖의 전봇대와 전깃줄에 닿아 있었다. 줄기를 공원 쪽으로 선회할 수 있도록 빨리 조치를 해야 할 것 같았다. 미래가 불안한 소나무를 두고 나오는 게 편치 않아 발걸음이 무거웠다. 하지만 주변 사람들에게 지름길이 되어 사랑받는 청구뜰공원이 유익하고 자랑스럽게 생각된다.

빗나간 기대
– 소바우공원

영산홍 애창하다 철쭉인 걸 알았다
사오월 피는 꽃과 오월에 피는 꽃을
제대로 분별 못하고 착각그물 걸렸다

이제야 구분 기준 간신히 챙겨든다
일찍이 피는 꽃은 영산홍 이었고요
뒤이어 얼굴 내민 건 연분홍빛 철쭉이죠

 그 옛날 농사 밑천인 소는 친근하고 정이 가는 가축이다. 그래서 '소'라는 단어를 보면 큰 덩치와 순한 눈이 떠오르면서 마음이 부드럽게 움직인다. 얼마 전 중구 우정동에 '소바우공원'이 있다는 걸 알게 되었다. 순간적으로 드는 생각은 소처럼 생긴 바위가 있을 것이라는 추측이었다.
 공원이 가까워지자 소 바위는 안 보이고 생뚱맞게도 붉은 고래 한 마리가 눈에 들어왔다. 순간 '소 바우는 고래 이름을 말한 건가?'라는 생각으로 진입광장을 들어섰다. 안내판의 범례를 보니, 동산놀이마당·고래마당·풋살구장·순환산책로… 아무리 눈을 씻고 봐도 소와 관련된 말이 하나도 없었다. 완전 속은 기분이었다. 하지만 5호 근린공원인 이곳의 지형을 보니 큰 소 한 마리가 떡 하니 누워있는 것처럼 보였다. 스스로 그것이 소를 상징하는 형상일 것이라는 억지 마음을 내며 공원 주변을 둘러보았다. 이 공원은 한국석유공사와 한국에너지공단 부근에 있어 직원들이 쉼이 필요할 때 언제든지 찾으면 될 것 같았다.

붉은 고래 버금가는 영산홍을 감상하며 맞은편에 있는 동산놀이마당을 보았다. 아이들이 맘껏 뛰놀 수 있는 공간이지만 지금은 텅 비어 있다. 풀밭 위에는 데크가 있고 그 위에 의자와 테이블이 놓여 있다. 여기도 사람은 없다. 지금은 풀들만 무성하나 머지않아 야생화가 필 거라는 생각을 하니 하나라도 밟는 게 미안했다. 키 작은 대나무들이 한 무더기 군락을 이루며 터를 넓히고 있다. 매자나무에 먼저 눈길을 주다 옆으로 시선을 돌리니 소나무들이 날씬한 자태로 서 있다. 작은 솔방울들이 군데군데 떨어져 있고 갈비들도 푹신하게 깔려있다.

무슨 모양을 의도적으로 나타낸 건지 저절로 돌무더기가 생긴 건지 알 수는 없었지만 크고 작은 돌들이 흩어져 있었다. 배롱나무를 지나 고래가 있는 곳으로 갔다. 초등학생 두 명이 고래 모형 주변을 맴돈다. "얘들아 너희들은 이 고래가 좋니?"라고 물었더니 아니라고 한다. 그러면 왜 여기 계속 있느냐고 했더니 고래를 타고 싶단다. 그러면서 이

고래 등에 올라가도 되는지를 되묻는다. 고래 주변에는 주의 팻말이 보이지 않았다. 어떤 대답을 해야 할지 몰라 고래 몸을 살짝 두드려 보았다. 안이 비었다는 걸 알 수 있는 소리가 났다. 나는 고래가 생긴 거는 이렇게 커도 재질이 약할 것 같다는 답을 내렸다. 아이들은 내가 있는 동안은 고래 등에 오르지 않았다.

    고래를 지나 앞으로 이동하니 풋살구장이 나온다. 풋살구장에서 한국석유공사 건물을 지나면 순환산책로와 녹음 쉼터를 만나게 된다. 그리고 한국에너지공단을 지나면 소나무 산책로와 건천 운동시설 데크 마당이 나온다. 왠지 허전한 마음이다. 공원을 돌고 나오니 고래가 있는 옆 벽면 인도 쪽에 고래와 관련된 다양한 벽화들이 있다. 고래 그림 옆에는 QR코드가 있고 인도 쪽에는 앉아 쉴 수 있는 의자와 테이블이 있다. 다양한 고래 그림을 보면서 잠깐 쉬어가도 좋을 것 같았다.

흡족하지 않은 마음을 채우고 싶어, 검색을 해보았다. 이곳 고래마당의 정원은 2020년 정원분야 실습·보육공간 조성사업으로 만들어진 "음파음파"라고 한다. 사람들의 무분별한 포획과 환경오염 이상기후 등으로 멸종된 공룡처럼 고래도 그렇게 될지 모른다는 내용이었다. 고래에 대한 소중함과 경각심을 알리기 위해 희귀한 돌연변이이면서 행운을 상징하는 핑크 고래를 모티브로 정원을 꾸몄다는 설명글을 읽으니 어느 정도 궁금증이 해소되고 만족도도 올라갔다.

소바우공원에서 생각지도 않은 핑크 고래를 만난 것은 선입견과 고정관념을 깨는 기회였다. 그리고 맞은편에 있는 공룡발자국공원을 더불어 볼 수 있는 기회이기도 했다. 이렇게 두 공원이 마주하고 있는 것은 일부러 의미 부여를 했다고 본다. 이젠 멸종되어 화석으로만 남아 있는 공룡을 생각하며 고래를 보호해야 한다는 강한 뜻을 전달하고 싶었을 것이다. 소바우공원을 뒤로 하고 공룡발자국공원으로 힘차게 걸어갔다. 소바우공원에서의 또 다른 기회를 엿보면서.

사람을 부르는 공원
– 장현공원

자연과 함께했던 육십여 호 장현 이웃
개발에 밀려나서 뿔뿔이 흩어졌다
정겨운 추억 못 잊어 애향비에 담았다

소망대 올라와서 억새길 바라보고
눈망울 굴리면서 벚꽃길 따라잡고
눈 아래 미로정원서 고향 벗을 찾는다

산책길 울긋불긋 사연들 퍼올리고
눈을 뜬 동백꽃잎 그리움 수놓으면
동박새 동백숲 길로 옛 사람들 부른다

 인도와 공원의 경계를 짓는 화살나무가 공원 가장자리로 빙 둘러져 있다. 진입광장을 외면하고 울타리 사이로 난 계단을 통해 장현동에

소재한 1호 근린공원인 장현공원을 들어섰다. 딱딱한 느낌의 담이 아닌 나지막한 나무울타리여서 공원의 이미지가 온아하게 다가왔다.

나무울타리 안쪽으로는 완만한 언덕이 넓게 형성돼 있고 나무들이 군데군데 심어져 있다. 마치 허리를 굽히고 편안히 들어오라고 손짓하는 것 같다. 진입 계단은 나무로 만들어져 있어 발도 편하고 오르는 소리도 요란하지 않았다. 나무계단을 올라서니 눈길을 사로잡는 미로정원이 바로 눈에 들어왔다. 높이 1미터 정도인 측백나무를 보는 순간 미로정원임을 알아챘다. 아이들이 잡았던 부모 손을 놓고 재빨리 이곳으로 들어갈 것 같다.

숨바꼭질을 하듯이 여러 겹으로 된 측백나무 안에 몸을 숨기고 자신을 찾아보라고 작은 소리로 외칠 것 같은 그곳을 나도 들어가 보았다. 대여섯 겹으로 된 미로정원에는 이제 막 깨어나는 듯한 날벌레들이 많았다. 아이들만 숨는 곳이 아니었다. 벌레들의 은신처로서도 적당했다. 몇 개로 난 미로 입구를 통해 안으로 들어오면 가운데에 동그랗게 형성된 공터를 만나게 된다. 아이들이 각기 다른 통로로 들어와 최종적으로 가운데에서 만나면 서로 반가운 나머지 웃음을 최고조로 날리며 손을 잡을 것 같다.

미로정원에서 세 군데의 나무 계단을 밟고 또 한 군데의 돌계단을 밟으면 육각정을 만나게 된다. 육각정의 기둥과 기둥 사이에는 가림막처럼 만든 문이 있어 밖으로 고개를 살짝 내밀어 보는 재미가 있다. 육각정에서 아래를 내려다보니 미로정원의 모습이 더 잘 보였다.

이제야 육각정에서 진입광장을 내려가 본다. 거기에는 장현마을의 애향비가 넓적 돌에 새겨져 있고 아랫돌에는 장현동의 지명유래가 적혀 있다. 진회색의 돌에 새겨진 애향비 옆에 연초록과 진녹색으로 표시된 공원안내도가 애향비와 대조를 이루면서 조화로웠다. 공원 지도가 사람인人자를 닮아 있어 유독 사람들을 부르는 공원이라는

느낌을 받았다.

공원에는 작은 수목이 많았다. 칠엽수 팽나무 가시나무 이팝나무 백목련 매자나무 대왕참나무 은목서 영산홍 산사나무 등이었는데 공원을 공원답게 빛내고 있었다. 오

름억새길과 억새길 동백숲길 벚꽃길도 넉넉하게 조성돼 있어 앞으로도 계속 많은 꽃들을 볼 수 있을 것 같다. 동백숲길 앞에는 누군가 동백꽃잎으로 하트 문양을 만들어 놓았다. 공원을 사랑하고 사람을 사랑하는 공원을 걸으니 나도 모르게 사랑이라는 단어가 이미 내 등에 탑승한 기분이었다.

공원 주변에는 단독주택들이 세련되게 보인다. 혁신도시가 생기면서 지어진 집들이어서 외관도 보기 좋았고 집들도 다양하고 예뻤다. 문만 열면 장현공원의 산뜻한 공기가 바로 느껴질 것 같은 곳에 사는 사람들은 모두 심신이 건강할 것 같았다. 운동기구도 갖추어져 있으니 좋은 공기를 마시면서 운동하는 기분은 그야말로 금상첨화일 것이다. 어떤 사람이 봄나물을 캐고 있는 곳에는 '뱀조심 뱀 출몰지역입니다' 라는 나무 팻말이 세워져 있다. 나무의 우듬지만 보지 말고 한 번씩 민들레꽃이 피어 있는 땅도 보면서 걸어야 할 것 같다.

공원의 사잇길도 널찍하게 돼 있어 휠체어를 타고 다닐 수도 있을 것 같다. 주변에 풀들은 많았지만 정돈된 나무와 쓰레기 하나 없는 공원은 정말 장현동 주민의 자부심처럼 보였다. 홍가시나무는 얼마나 붉던지 정열의 공원처럼 보이기도 했다. 지지대에 몸을 의지하는 나무들의 뿌리가 빨리 땅속 깊이 안착되기를 바라는 마음도 가져 보았다. 이 공원이 건립된 지 얼마 되지 않아 나무들도 뿌리를 내리려면 약간의 시간이 필요할 듯했다.

공원은 사유지를 접하고 있다. 그곳에는 그물을 쳐 놓았다. 감나무가 여러 그루 있고 푸성귀를 심어 놓은 곳도 간혹 보였다. 갑자기 개 짖는 소리가 들리고 삐삐삐삐, 갈갈갈갈 새소리도 들렸다. 주변에 차들의 통행이 한적한 이곳 식물들은 매일 몸집을 늘리고 키를 키우며 지지대가 필요 없는 날이 곧 올 것이다.

나무울타리 안의 공원이 서로를 챙긴다. 장현공원의 애향비가 보면 볼수록 정겹다.

사연 많은 팽나무
– 앞들어린이공원

글자를 보면서도 무서운 건 습관이다
그대로 읽지 않고 앞들을 앞뜰로
몇 번을 고쳐 읽으며 자기 방식 고수한다

숨은 뜰 발견하고 비밀의 화원으로
칭한다 감탄한다 혼자만의 시간이다
팔손이 부여잡고서 잎 갈래 세어본다

칠엽수 잎 갈래는 일곱 개 맞는데
이것은 다섯 개요 일곱 개요 아홉 개다
이름과 어긋난 이유 팽나무에게 물어볼까

장현공원으로 알고 간 곳의 이름이 앞들어린이공원으로 돼 있다. '앞들'을 자꾸 '앞뜰'로 발음하고 싶어진다. 새롭게 조성된 공원은 에일린의뜰2차아파트와 골드클래스 사이에 있다. 인도와 접한 공원의 왼편에는 어린이들을 위한 시설이 있고 오른편에는 운동기구와 둥그런 화단이 있다.

늘 습관적으로 오른편을 먼저 둘러보았지만 여기서는 완전히 반대였다. 왼편에서 시선을 붙잡는 팽나무 때문이었다. 얼마나 잘 자랐던지 멋진 성 하나를 만난 기분이었다. 좌우 그리고 중앙으로 가지를 골고루 뻗어 한쪽으로 치우침 없는 안정된 균형미를 보여 주었다.

사람들은 흔히 좋은 풍경을 보거나 감탄을 할 때 장관을 이룬다는 말을 한다. 나도 처음에는 '정말 장관이다' 라는 말을 쏟아내고 싶었다. 하지만 그런 흔한 말은 하고 싶지 않았다. 그래서 생각해 낸 것이 멋진 성 하나, 상상도 못한 성, 상상을 초월한 성, 세상에 하나밖에 없는 성이라는 말을 갖다 붙였다. 이런 모습을 갖추기까지 팽나무에게 우여곡절이 많았을 것이다. 팽나무 원줄기의 삼 분의 일 지점에 둥그렇게 부목을 대 놓고 그것을 고정하기 위한 지지대와 쇠줄들이 연결

돼 있었다. 팽나무에 어떤 문제가 있었는지 알 수는 없었지만 나무를 살리기 위해 많은 노력을 쏟은 것으로 보였다.

팽나무에 온통 마음을 뺏겨 주변 탐색이 지체되고 있었다. 다시 한 번 그것을 눈 속에 품고는 다른 곳으로 이동을 했다. 공원이 아파트 사이에 있다 보니 모두 자기 집 마당 드나들듯 이 공원을 만날 것 같았다. 공원은 보이는 것만이 다가 아니었다. 안쪽으로 끝없이 이어지고 있었다. 꼭 비밀의 화원을 만난 기분, 숨겨진 별천지를 걷는 기분이었다.

안으로 들어가는 지점부터 양쪽으로 다양한 나무들이 식재돼 있어 보는 눈이 즐거웠다. 안으로 난 산책로는 계절마다 어느 길로 갈지를 선택할 수 있게 돼 있었다. 더운 날씨에는 그늘이 돼 주는 오솔길로 추울 때는 넓은 길로 햇살을 받으면서 걸으면 안성맞춤일 것 같았다. 나는 안으로 진입할 때는 넓은 길로 나올 때는 오솔길로 나왔다. 넓은 길은 큰 차들이 지나다녀도 될 정도여서 오솔길보다 조금만 더 넓었으면

좋았겠다는 생각을 했다.

양쪽에 아파트를 두고 있는 공원은 아파트와 공원을 직접 연결하는 길들이 중간 중간에 많이 나 있었다. 정말 공원을 자기 집 앞마당이나 뒷마당으로 생각해도 될 것 같았다. 통하는 길들이 단단하고 반질거렸다. 걸음을 옮길 때마다 얼마나 다양한 나무들이 많던지 나무와 눈팅하는 시간도 많이 걸렸다.

아카시아 꽃은 활짝 핀 것도 있고 꽃봉오리를 오므리고 있는 것도 있었다. 예전에 누군가 그 꽃을 먹는다고 하여 나도 하나 따서 입안에 넣어보았다. 단맛이 입안을 기분 좋게 감돌았다. 이 달콤한 꽃을 맛보기 위해 벌들이 곧 날아올 것만 같았다.

모르는 식물이 많아 일일이 찍어서 인터넷 검색을 하니 바로 이름을 말해주는 것도 있었지만 유사식물 검색으로 나오는 경우도 있었다. 한 잎이 여러 갈래로 나뉜 것을 보고 또 검색을 해 보니 '팔손이'라고 돼 있다. 잎이 여덟 개로 나뉘어야 맞을 것 같은데 세어보니 다섯 개 일곱 개 여덟 개 아홉 개로 모두 달랐다. '팔손이'라는 식물명이 아리송했다.

  식물들 사이로 걷는다는 것은 행복한 일이다. 가까이 다가가 잎도 만져 보고 꽃향기도 맡아본다. 식물을 대할 때 '싫다, 좋다'라는 구분이 없었다. 그저 좋았다. 여기를 왕복하는 동안 그런 편견이 하나도 생기지 않았다. 사람을 만날 때는 내 취향이다 아니다로 이분법을 만들지만 여기서는 그런 마음이 전혀 일지 않았다. 이렇게 저렇게 생겼구나 하는 식으로 감상만 하면 끝이었다.

  안쪽 길을 걸을 때부터 소요 시간을 재어보니 십오 분이 걸렸다. 빠른 걸음으로 걸으면 시간은 더 줄일 수도 있겠지만 천천히 나무들과 눈인사하면서 걷는 시간을 더 늘리는 게 좋을 듯했다. 끝 지점까지 갔다가 나올 때도 얼추 십오 분 정도 걸렸다. 걸린 시간은 왕복 삼십 분 남짓이지만 나에게 느껴지는 체감 시간은 세 시간 그 이상이었다.

  그동안 알고 있던 상식과는 조금 어긋난 앞들어린이공원에서 많은 매력을 느꼈다. 이 공원의 주인공인 팽나무에게 앞으로도 계속 늠름하게 서 있어 달라는 부탁을 하며 나왔다.

사통팔달처럼
― 복지공원

길들이 존재한다 선택을 종용한다
모든 건 자신 결정 책임도 그 사람 몫
우회전 좌회전할 때 섣부름은 금물이다

선택이 후회될 때 새로운 방법 찾아
걸림돌 없는 세상 올곧게 걸어보자
여기에 오는 사람들 사통팔달 복된 나날

 나무 팻말의 공원 이름은 잘 알아볼 수 없을 정도로 바랬지만 공원에 난 길들은 사통팔달로 반긴다. 지금 음과 양의 이면을 만나고 있다. 면적도 그리 넓지 않은 터에 얼마나 길들이 많던지 매우 놀랐다. 사차선 삼차선 교차로 이차선 일차선 등이 이곳에 모두 존재했다. 백석에 새겨진 공원명처럼 또록또록한 길들이었다.
 공원 팻말이 세워진 쪽으로 진입하면 오른쪽에 파라곤이 있고 좀

지나서 운동기구가 있고 벤치가 있다. 반 바퀴 정도 돌면 조합놀이대가 있다. 모래가 밖으로 유실되는 걸 막기 위해 턱을 높게 만들어 놓았다. 세심한 손길이라는 생각을 하며 담 쪽으로 시선을 두니 벽화가 보인다. 담쟁이덩굴들이 가린 곳은 잘 보이지 않지만 노랑색을 밑바탕으로 하여 그린 여러 모양들이 보인다.

조합놀이대에서 벽화가 그려진 반대 방향을 보면 눈이 곧바로 즐거워진다. 세모화단 네 개가 조성돼 있는데 그 화단 안에도 길들이 나 있다. 넓은 공간에 시원하게 낸 길보다는 작은 길이지만 적당한 디딤돌을 놓아 사차로 삼차로 교차로 일차로 등으로 만든 길을 밟는 재미가 더 있었다. 화단은 크지 않았지만 길들에 의해 방향을 마음대로 틀 수 있었다. 공원에 이렇게 정식으로 많은 길을 낸 것을 본 것은 이곳이 처음이다.

길은 길로 통한다는 말처럼 이곳으로 온 방문객은 이 길처럼 모든 일이 만사형통하기를 바라는 마음이다. 혹 자기가 들어선 이 길이 마음에 들지 않으면 다른 길로 돌아가면 된다. 하지만 급하게 결정하지 말고 차분히 생각하는 시간을 가져보자. 선택은 당사자의 마음이지만 결과도 당사자의 몫이기 때문이다. 백석에 공원명을 선명히 새겨 놓은 곳에서 공원으로 들어올 때는 경사진 부분과 만나게 된다. 거의 평평한 편인데 그곳만 유독 경사가 있다. 그런 단점을 숙지하고 걷는다면 후회 없는 걸음이 될 것이다.

　벽화가 그려진 벽면 주변에는 나무들이 없어 빈 공간이 널찍하다. 아무것도 심지 않으면 풀들이 모든 자리를 차지하게 될 것이다. 운동기구와 가까운 곳에 무궁화가 많이 보인다. 여기 빈 공간에도 무궁화가 식재된다면 군락을 이뤄 더욱 보기 좋을 것 같다. 우리나라 꽃이 다른 공원에는 안 보였는데 여기는 마음 먹고 심은 것 같아 보는 순간 기쁘고 반가웠다. 우리나라를 대표하는 꽃을 여기에서 만나게 되니 이 공원이 복될 것 같은 기분이 들었다. 주변에 쑥들도 많이 자라 있다. 뚝뚝 따고 싶은 마음이 올라왔지만 그대로 두는 게 좋을 것 같았다.

 사차로가 있는 곳으로 이동을 하는데 큰 개 한 마리를 데리고 온 사람이 보인다. 입마개도 안 한 개는 나의 마음을 오그라들게 했다. 놀란 마음을 진정하기 위해 새로 조성한 세모 화단 안으로 급히 들어갔다. 여기 화단에는 느티나무가 제일 크다. 느티나무 옆에 분홍색 벤치를 과감하게 들여놓았다. 쉽게 볼 수 있는 의자는 갈색 톤이나 황토색 정도였기에 처음엔 이 분홍색이 조금 낯설었다. 하지만 조경을 좀 색다르게 해 보자는 취지가 깔려있을 것 같아, 살짝 웃으며 잠시 앉아 보았다.

 세모 화단에는 길쭉한 나무 동그란 나무 그리고 돌덩이들이 곳곳에 놓여 있다. 갓 조성되었음을 나타내는 흔적들로 보인다. 꼭 모심기를 해 놓은 것 같은 식물들도 있다. 공원을 아름답게 조성하여 사람들에게 즐거움을 주려고 노력하는 관계자들의 노고가 읽힌다. 보는 사람 입장에서는 뭐든지 쉽고 단순하게 보일 수 있지만 주관하고 관리하는 측에서는 몇 배의 노력과 연구를 하게 된다는 것을 기억해야 할 것 같다.

   이름을 모르는 식물들이 많다. 대상을 찍어서 확인해 볼 수 있지만 그 과정을 생략했다. 이름을 불러주진 못했지만 '잘 자라라'는 말은 건넬 수 있었다. 빨리 적응하고 힘든 과정을 극복하여 사방으로 튼튼한 뿌리를 내렸으면 하는 마음이다. 이 복지공원에서 복됨을 만끽했다.

삼단으로 이색적
– 송학공원

소나무 바로 아래 반듯한 돌 벤치여
사계절 너의 본분 다하고 있는 거가
할매들 엉덩이 찹아 앉을 수가 없단다

담 옆에 길게 놓인 운동기구 네 개여
너네들 찾는 사람 얼마나 되는 거고
노인들 사용하기엔 너무나도 힘들대

있기만 하면 뭐해 쓸모가 있어야지
우리는 살다 보니 실용성이 최고더라
공원을 찾을 때마다 만족하고 싶단다

언젠가 소나무에 앉아 있던 학을 떠올리며 길을 나섰다. 공원으로 향하는 길에 송학경로당이 제일 먼저 눈에 들어왔다. 경로당 앞과 옆에는 느티나무 두 그루가 비슷한 크기로 서 있었다. 아주 큰 덩치로 늠름한 나머지 경로당을 지켜주는 목신 같은 기분을 가지게 했다. 오전 9시를 조금 넘긴 시간이어서인지 송학경로당松鶴敬老堂 문은 닫혀 있었다.

이 공원은 삼단으로 구분 지어져 있다. 경로당과 제일 가까운 일단에는 아이들의 놀이시설이 단독으로 돼 있다. 여기는 이상하게도 중국단풍나무 일색이다. 그 나무 아래에는 나무 의자 네 개가 놓여 있다. 잎들이 무성한 나무 아래에서 더위도 식히고 아이들이 노는 모습도 볼 수 있을 것 같다. 놀이기구는 많지 않았지만 주변에 주택들이 빙 둘러져 있어 이곳에서 놀고 싶은 아이들은 수시로 찾을 것으로 보였다.

이단은 일단 바로 옆이다. 이단은 일단보다 지대가 높고 사이에 놓인 경계벽이 길다. 담벼락 쪽으로 운동기구가 놓여 있다. 가운데에는 소나무 다섯 그루와 들어서는 입구에 이팝나무 한 그루가 있다. 이단에 있는 나무는 많지 않지만 소나무를 위한 공간 앞에는 돌로 된 벤치 두 개가 있다.

　다른 곳에는 나무로 된 벤치들인데 여기는 멋스러운 돌 벤치이다. 돌 모양이 하도 예뻐서 사진을 찍고 있는데 산책하던 50대 여성이 구청에서 나왔는지를 물었다. 공원 탐방을 나왔다고 하니까 공원 사용에 대한 애로사항을 털어놓기 시작했다. "여기 돌의자 실용적이지 않아요. 할머니들이 여기로 많이 나오는데 돌이 차가워서 앉지를 못합니다. 나무로 된 의자로 바꿔주면 좋겠어요."

　조금 전에 돌 벤치에 대한 칭찬을 속으로 연거푸 하고 있었는데 그 말을 들으니 그런 면도 있겠다는 생각으로 마음이 바뀌었다. 그 여성은 주변에 사는 어른들이 모두 연세가 있어 다른 곳은 못 가고 공원에서 시간을 보내는데 앉는 곳이 불편하여 그동안 마음이 쓰였다고 했다.

　찾는 사람들은 많은데 마땅히 앉아 쉴 곳이 없어 개선을 해야 한다고도 했다. 그리고 운동기구도 연세 드신 분들이 사용하기 힘든 것만 있어 그림의 떡이라고 했다. 쉽게 사용할 수 있는 것으로 교체되었으면 한다는 말을 전했다. 나는 통장을 통하거나 중구청에 민원을 넣어 보기를 권했다. 그녀는 구청에서 예산이 없다는 말을 한 것 같다고 했다. 보기만 좋고 실용성이 없다면 그것은 무용지물이나 다름없으니 빨리 교체되었으면 좋겠다는 생각을 했다.

마지막 단계인 삼단으로 가 보았다. 거기에도 돌 벤치 두 개가 있었다. 느티나무 중국단풍나무 상수리나무가 서로 잎을 맞댄 채 붙어 있었다. 이곳으로 햇살 한 줌 들어올 틈이 없어 여름에는 아주 시원할 것 같았다. 그런데 돌 벤치가 또 걸린다. 그 여성은 돌로 된 의자는 아무도 안 앉으려고 한다고 했었다. 삼단에는 세 종류의 나무들이 주인공이다. 특히 초겨울이 되면 상수리 열매를 줍기 위해 많은 사람들이 모인단다. 올해에도 열매를 많이 떨어뜨려 주었으면 하는 바람을 가져 보았다.

집 주변에 공원이 있어 좋다는 그 여성, 할머니들이 갈 곳이 없어 많이 찾는다는 이곳, 공원의 중요성을 다시 한 번 느끼게 했다. 사람들이 많이 찾는 이곳에 행정기관은

좀 더 많은 관심을 기울였으면 하는 마음이다. 삼단으로 안정적으로 구분된 공원을 처음으로 만나니 아주 색다름을 느꼈다.

　들어서는 공간도 모두 구분되어 있고 높낮이도 모두 다른데 삼단이 제일 높은 곳에 있다. 공원안내도가 없어도 공원등에서 공원의 이름을 알 수 있었다. 공원 이름이 없어도 공원에서 즐길 수는 있지만 많은 정서를 불러일으키는 공원 이름이 멋지게 하나 걸렸으면 한다.

　공원을 다 둘러보고 송학경로당 쪽으로 내려갔다. 보면 볼수록 듬직한 느티나무를 다시 올려다본다. 나무의 끝이 보이지 않는다. 하지만 이 공원은 유종의 미를 보여주어야 한다. 공원을 찾는 사람들이 만족할 수 있도록 시설을 정비하는 마무리 손길이 있어야 한다.

　모습을 숨긴 어떤 새의 노랫소리가 평화롭게 들린다. 실용을 우선시하는 송학공원으로 다시 태어났으면 한다.

새로 낸 사잇길들
– 칠암공원

하얀색 세팅되어 시선을 붙잡는다
녹색의 자연 속에 깔끔한 신사 등장
파쇄석 하얗게 깔려 위풍당당 운동기구

지압이 필요할 때 맨발로 걷다 보면
막혔던 혈관들이 시원스레 뚫리겠지
운동이 간절할 때면 이 공간이 효과 만점

한 번씩 모임을 가졌던 성안동 솔밭가든 옆에 있다. 그때는 공원에 관심을 가지지 않았기에 바로 옆에 이런 쉼터가 있는 줄을 몰랐다. 회식이나 가족 모임이 끝나면 바로 헤어지기 바빴기에 주변을 둘러볼 여유가 없었다. 공원 탐방을 계획하고 나온 지금은 모든 게 한 곳으로 집중되어 작은 것도 지나치지 않게 된다.

봄인데도 바람이 세차다. 초겨울 날씨 같아 얇은 옷깃을 여민다. 백양공원처럼 흰 돌에 공원명이 새겨져 있다. 산림청 녹색사업단의 복권기금(녹색자금) 지원으로 정비되었다는 내용이 적혀 있다. 바로 옆 안내도를 보니 공원 모양이 직사각형이다. 이제 막 세워진 것처럼 색깔들이 바랜 흔적 없이 선명하고 색채감이 좋다.

 오른편 파라곤이 있는 주변으로 얼마 전에 꽃무릇을 식재해 놓은 것 같다. 어느 정도 시기를 거치면 곧 파릇해질 것이라는 그림이 그려진다. 왼편에는 운동기구가 놓여 있다. 바닥에는 흰 파쇄석이 깔려있고 벌집 모양의 플라스틱판으로 고정을 해놓았다. 그래도 돌이다 보니 밖으로 나돌아다니는 것들이 있다. 흰색 운동기구에 흰색 파쇄석이 공원의 이미지를 아주 깨끗하고 밝게 각인시켜 준다. 운동기구를 사용하다 가끔씩 신발을 벗고 지압을 즐겨도 좋을 것 같다.

 운동기구 옆으로 수형이 자연스럽지 못한 느티나무가 보인다. 여러 줄기의 우듬지를 얼마나 잘랐던지 나무가 몸살을 한 것처럼 몇 개의 잎만 간신히 달고 있다. 위로만 자라는 나무를 옆으로도 자라게 하

기 위한 조치일 것 같다. 지금은 이 나무가 애잔하지만 머잖아 멋진 나무 형태를 갖출 것이라는 믿음이 생긴다. 공원을 정비하면서 맥문동을 많이 심었는지 곳곳에서 만나게 된다. 풀인가 싶어 보면 팻말에 맥문동이라고 써 놓아 비로소 알게 된다. 뿌리를 완전히 내리려면 많은 시간이 걸릴 것으로 보인다.

여기도 정식으로 나 있는 출입구는 두 군데인데 조금이라도 편한 곳으로 다니고 싶은 사람들의 욕구에 의해 사이 길이 많이 생겼다. 그 사이 길로 통행을 한 관계로 얼마 전에 심어 놓은 맥문동이 많은 희생이 되었다. 얼마나 밟혔으면 기를 못 펴는 것들이 여럿 보인다.

파라곤 있는 곳으로 걸어가면 양쪽으로 만든 화단 사이로 디딤돌이 놓여 있다. 디딤돌 오른쪽에는 키 큰 나무들이 있고 그 사이에도 맥문동이 군데군데 있다. 디딤돌 왼쪽에는 키 작은 식물들과 잔디들이 심어져 있다. 화단을 양쪽으로 갈래지어 놓은 것을 볼 때면 정성이 더 깃들었다는 생각을 하게 된다. 산철쭉 영산홍 등은 마지막 꽃을 피우며 작별을 준비하고 있다. 꽝꽝나무는 작은 연두색 잎을 새의 부리처럼 피워 올린다. 녹색의 잎보다 이제 막 올라오는 이런 연초록잎들을 볼 때면 귀엽고 사랑스럽다.

　잔디와 맥문동은 같은 날에 식재를 한 것처럼 모습이 비슷하다. 새로 보충한 듯한 흙들은 부드럽고 곱다. 이곳에 있는 흙들은 유실되지 않고 이곳의 식물들에게 좋은 터전이 되었으면 한다. 새로운 식물들을 위해 채워놓은 흙들은 많은 영양분을 지니고 있을 것이다. 아이들이 갓 태어나 엄마의 초유를 맛나게 먹는 것처럼 이 식물들도 그런 기분으로 입을 쪽쪽 벌리고 있을 것 같다.

　이제 새로운 터전으로 온 맥문동과 꽃무릇 잔디 등은 앞으로 무럭무럭 자라서 풀들과 수시로 영역 다툼을 해야 할 것이다. 세상에 나온 이상 자신의 존재를 알리고 씩씩하게 잘 자랐으면 한다. 곳곳에 썩어 거름이 돼 주는 낙엽들이 오늘따라 고맙다. 운동기구에서 운동도 하고 지압도 가능한 칠암공원은 일거양득을 체험하기 딱 좋은 곳이다.

제3부

우리가 모르는 사이

- 생태놀이터 아이 뜨락
- 서동 왕자로 재탄생
- 순수한 손길
- 모심을 받는 풍경
- 여기도 여백이
- 예사롭지 않은 기운
- 예술, 육지꽃버들
- 온담정의 기운
- 온통 달의 공간
- 우리가 모르는 사이

생태놀이터 아이 뜨락
– 명정공원

공원 안 경로당은 터줏대감 된 지 오래
할머니 부지런히 앞마당 쓸어낸다
머리를 매만지듯이 비질 흔적 선명하다

화분에 심은 부추 할머니들 마음 알고
하루가 멀다 하고 잎들을 키워낸다
공원등 휴식 시간에 부침개 된 부추들

냄새로 맛을 보는 아이 뜨락 식구들
요새에 몸을 숨긴 눈동자들 반짝인다
곳곳에 생기가 돌아 훌쭉한 배 부푼다

도착하자마자 눈이 번쩍 뜨인다. 생태놀이터의 안내도가 마음을 사로잡은 데다 공원과 인접한 인도에 깔린 한글 타일이 눈길을 끈 탓이

다. 거기에는 자음 기역부터 히읗까지가 반복되고 있었다. 뭔가 살아 움직인다는 느낌을 들머리에서부터 받아서인지 기분이 최적 상태가 된다.

특이하게도 명정경로당이 공원 안에 담 경계 없이 함께 있다. 할머니들의 손길이 머문 장독대가 있고 보조보행기도 몇 대 서 있다. 방금 경로당 앞을 쓸었는지 비질 흔적이 있고 앞마당이 깨끗하다. 바퀴가 달린 화분에는 부추가 잘 자라고 있다. 할머니들의 부지런한 손길을 다시 한번 보는 것 같아 반갑다. 경로당에서 바로 보이는 곳에는 대나무들로 둥그렇게 만든 화단이 군락을 이루고 있다. 공원을 둘러보는 내내 흙을 밟을 수 있어 자연과 더욱 가까워지는 기분이었다.

볼거리가 풍부했다. 가꾼 듯하면서도 가꾸지 않은 듯한 자연스러움이 있는가 하면 세련된 호기심을 불러일으키는 곳도 함께 공존하고 있어 보는 재미가 컸다. 모든 구조물이 나무로 돼 있어 주변과 잘 어울렸다. 공원안내도에는 다른 곳에서 전혀 볼 수 없었던 17항목이 적혀 있었다. 장미목재터널·통나무악기·버그하우스·숲속의 요새·배둘레재기·사방놀이·숫자놀이판·통나무터널·나무기둥오르기·통나무건너기 등의 제목을 읽으면서 미소가 저절로 지어졌다.

나무기둥오르기는 나무에 발을 디딜 홈을 파 놓고 거기를 밟고 오르도록 해 놓았다. 도전해 보려는 아이들의 마음이 이것을 통해 부쩍 상승할 것 같았다. 얼마나 많은 아이들이 오르내렸는지 나무가 반질거렸다. 장미목재터널은 사각 틀로 돼 있고 모두 세 개다. 목재기둥들이 많이 서 있었지만 하나도 거슬리지 않고 모두 공원 속으로 친근하게 스며들었다.

신발을 벗고 맨발 걷기를 해 보고 싶은 충동이 일었다. 통나무악기인 나무 실로폰은 크기가 다른 나무들로 걸려 있고 그것으로 각각의 나무들을 두드려서 소리를 들어보도록 해 놓아서 좋았다. 버그하우스는 다양한 모양을 관찰하고 어떤 곤충이 살고 있는지를 살피게 했

다. 곤충들 집에는 작은 네모 창도 있어 아기자기하게 느껴졌다. 디딤돌 사이에는 풀들이 빼곡히 자라고 있었지만 조금도 거슬리지 않고 정다웠다.

조합놀이대도 원목으로 돼 있어 몇 번을 봐도 싫증이 나지 않았다. 숲속의 요새도 동심을 자극했다. 작은 통나무집이 하나 놓여 있고 오감 발달과 모험심을 위한 놀이 공간이라고 적어놓았다. 숲속 요새는 트리하우스 네트 터널 미끄럼틀 통나무 등을 이용해서 노는 공간으로 돼 있는데 아이디어가 돋보였다. 공원 사잇길 양쪽으로 식물이 심어진 곳에는 돌로 두 단 정도의 담을 쌓아 놓았다. 화단 흙의 흘러내림도 방지하고 정돈의 느낌도 있어 깔끔했고 보기 좋았다.

나무기둥오르기를 위한 나무들이 많이 세워져 있어 아이들끼리 대결하는 재미도 있을 것 같았다. 조금 거리를 두고 보면 장승들이 여러 개 서 있는 것처럼 보이기도 한다. 통나무 건너기는 다리를 길게 짧게 벌려서 걸어야 할 것 같았고 거리 조절도 잘해야 할 것 같았다. 통나무 건너기 나무 오르기를 위해 작은 구릉 위에 누운 나무 서 있는 나무가 있다. 이 나무를 건너기도 하고 오르기도 하면 신이 날 것 같다.

조성된 화단에 작은 통나무로 가장자리를 둘러놓았다. 돌로 두르는 것보다 더 친근하게 보인다. 우듬지 잎이 노란 식물의 이름은 알 수 없었지만 얼마나 샛노랗던지 그 색에서 평화로움을 느꼈다. 길쭉하게 놓인 디딤돌 위로 나뭇잎들이 떨어져 있다. 여기에서는 어느 것 하나 이질적인 풍경이 하나도 없었다. 말 그대로 자연 친화적이면서 동심을 가득 담은 곳이었다.

무엇이든 꾸민 듯 꾸미지 않는 것 같은 게 우리 마음을 움직인다. 이곳에서 그런 마음이 자꾸 생긴다. 사방놀이 앞에 서서 그 옛날 땅따먹기를 떠올린다. 한 발 서기를 하면서 몸의 균형 능력을 기르고 사회성도 기르고 신체 협응 능력도 기른다는 그곳에서 돌 하나를 야심차게 던져 본다. 세상이 아무리 변해도 이 공원의 땅만큼은 이 상태로 계속 보존되었으면 하는 바람이다.

할머니 뜨락 같은 곳의 느낌을 시로 옮기니 부침개 냄새가 더욱 솔솔 난다.

서동 왕자로 재탄생
- 서동공원

윗단과 아랫단을 아우르는 큰 원형길
윗단만 돌게 하는 원형의 작은 길
이웃 간 화목을 위해 만든 길 동그랗다

그 옛날 동네 길을 한 바퀴 돌았지만
이제는 공원 길을 한 바퀴 도는 세상
언제나 앞마당처럼 발 디딜 수 있는 곳

안 쓰는 의자 들고 파라곤 모인 주민
오늘도 둥근 생각 시름을 털어내고
서로의 등 토닥이며 희망 노래 부른다

도로에서 한 발만 디디면 담 없는 공원을 만날 수 있다. 들어오는 방향에 따라 계단을 이용해야 하는 곳도 있긴 하다. '서동공원'의 안

내판을 보면서 그 옛날 서동 왕자가 떠올랐다. 선화 공주와 서동 왕자와의 사랑 이야기를 떠올리며 서동요도 흥얼거려 보았다.

　한 곳만 주택과 맞닿아 있고 다른 부분은 뻥 뚫려 공원의 개방감이 좋았다. 공원을 오른다는 기분을 느끼고 싶으면 다른 입구를 통해 돌계단을 밟고 들어오면 된다. 이곳도 삼일공원처럼 두 군데로 단을 이룬다. 돌계단 두 군데를 밟고 도착한 곳은 아랫단 공원이다. 사각 모양의 넓은 터에 왼쪽에는 파라곤과 운동기구가 있다. 사람들이 많이 모이는 공간이 된 것처럼 파라곤 주위에는 집에서 가져온 듯한 의자들이 놓여 있다. 주변 사람들의 사랑방 역할을 톡톡히 한다는 느낌이 강하게 든다.

　돌계단 한 군데를 더 오르면 조합놀이대가 설치된 윗단이다. 삼일공원은 아랫단이 텅 비었고 윗단에 놀이시설이 있었으나 여기는 반대로 구성되어 있다. 위치와 용도가 다르니 또 다른 기분이 든다. 여기 식재된 나무들은 인근 삼일공원보다 크거나 많지 않다. 이곳의 특징은 공원을 아우르는 산책길이 하나로 원을 그리며 만난다는 거다. 아랫단 공원길을 밟고 한 바퀴 돌면 처음 출발한 곳과 만난다. 한 바퀴 돌면 처음 시작 길에서 다시 만나게 되는 것이다. 길 잃을 일이 한 번도 생기지 않을 곳임이 증명된다. 울릉도도 섬 한 바퀴를 돌면 출발한 곳으로 다시 돌아오게 돼 있다니 이곳이 울릉도의 작은 모형도처럼 여겨진다.

윗단에 있는 이팝나무는 지금 한창 꽃잎 자랑하기 바쁘다. 현재 이곳에 핀 꽃은 저 나무밖에 없다. 철쭉이니 영산홍 그런 꽃이 없어 이팝나무 꽃이 단연 돋보인다. 파라곤이 위와 아래에 있었는데 위쪽에는 서랍장까지 하나 놓여 있다. 어느 떡집의 상자들도 보인다. 의자도 처음부터 있었던 게 아니고 집에서 가져온 것들인 것 같다. 모양도 다르고 생긴 것도 달라 인근 주민들의 마음이 정답게 모여 있는 것 같다.

공원은 도시의 딱딱한 분위기를 눌러주는 공간이다. 여기도 흙길을 밟을 수 있어 좋다. 조합놀이대 주변에도 처음 시작한 길에서 다시 만

날 수 있게 원형의 길로 돼 있다. 아랫단과 윗단을 이어주는 360도의 큰 원형의 길도 있고 윗단만 이어주는 360도의 작은 원형의 길도 있다. 무슨 일이 있어도 이웃 간에 모두 둥글게 살자는 뜻을 품은 듯하다. 밥 먹고 동네 한 바퀴가 밥 먹고 공원 한 바퀴로 바뀌면서 서로의 관계는 더욱 돈독해질 것 같다.

큰 도로로 나갈 때는 지름길인 이곳을 거쳐서 가는 사람도 있는 것 같다. 마침 공원을 지나가는 사람에게 물었더니 버스 타러 갈 때는 주로 이곳을 통해서 간다고 한다. 휴식을 취하는 곳이든 어디로 가기 위한 징검다리이든 이곳을 자주 오간다는 것은 공원의 위상을 높이는 일이다.

서동은 지역 이름을 나타내는 말이어서 서동 왕자와는 무관하다. 그럼에도 불구하고 서동 왕자에 대한 스토리텔링이 하나 만들어졌으면 하는 바람이다. 서동공원에 대한 희망 노래를 미리 불러본다.

순수한 손길
- 구루미공원

다르게 들리는 말 구루미가 구룸이로
사투리 같기도 한 그 말님 되뇌인다
잡초를 뽑던 할머니 공원 자랑 끝없다

삼각형 모양 닮은 공원의 안내도가
모서리 잘린 채로 꼿꼿이 서 있다
공원을 대하는 마음 뾰족해선 안 된다

거의 다 외국 수종 공원도 글로벌시대
수목이 울창한 건 토양 힘 덕분이지
때때로 주민들 관심도 한몫해야 하겠지

공원에 들어서면 나무부터 살피게 된다. 이번에도 큰 나무들이 제일 먼저 눈에 들어온다. 나무를 볼 때마다 감탄사가 절로 나와 입이

다물어지지 않을 때가 많다. 오늘은 이상하게도 비 오던 하늘에서 구름이 걷힌 것처럼 나무들이 더 화창하고 산뜻하게 보여 시선이 오래 머문다.

나무를 한참 올려다보며 걸음을 옮기던 중 맨손으로 화단의 풀을 뽑는 사람을 만나게 되었다. 복장을 보니 공원을 돌보는 사람은 아닌 것 같았다. 인사를 먼저 건넨 후 공원을 관리하는 일을 하는지를 여쭸다. 모자를 쓰고 있던 할머니는 고개를 든 채 "저 앞에 사는 주민인데 얼마 전에 맥문동을 구청에서 심었는데 풀들이 보여 뽑는다."라고 했다. 연세를 물었더니 80대라고 하신다.

그동안 공원을 다녀도 마을 주민이 직접 풀을 뽑는 일은 본 적이 없었다. 갑자기 할머니의 선한 마음이 귀하게 읽히어 "할머니 공원에 대한 애착이 참 많으신 것 같습니다."라고 했다. 할머니는 미소를 지으며 "마을에 잘 가꾼 공원 하나 있어 주변이 많이 밝아졌다, 공원이 새로 정비돼 정말 기쁘다."라고 했다. 할머니의 말씀 속에서 진심이 느껴졌다. 정말 좋다는 마음이 목소리에서도 묻어났다. 나는 할머니께 "운동도 열심히 하시고 항상 건강하시라."고 했다. 할머니는 자신이 사는 집을 손가락으로 가리키며 좋아하셨다.

공원의 담은 나무울타리였다. 미국개나리들이 높이를 거의 비슷하게 한 채 좋은 울타리가 돼주고 있었다. 낯익은 나무들도 많이 보였다. 히말라야시다, 중국단풍나무 그러고 보니 나무들이 외국 수종이다. 뿌리를 잘 내리고 공원을 빛내주는 것 같아 고마운 마음이 들었다. 할머니 말씀처럼 맥문동은 갓 심은 것처럼 흙을 북돋운 게 보였다.

처음 보는 식물도 많았다. 수수꽃다리 꽃무릇 나무수국 쥐똥나무 은목서 말발도리 등이 공원의 한 식구로 살고 있었다. 여러 나무 중에서 유독 중국단풍나무 줄기에 눈길이 갔다. 속살이 친근한 황토색이다. 그동안 저런 색깔을 본 적이 없어 처음에는 나무에 상처가 났다고 생각했는데 그게 아닌 수피색이었다. 다행이었다.

현대적으로 꾸며진 공원이 주민들에게 훌륭한 쉼터가 되고 있었다. 파라곤도 신형이고 바탁 타일도 새 것이다. 운동기구도 신제품을 설치하여 많은 힘을 들이지 않고도 쉽게 작동이 되고 있었다. 어느 공원의 오래된 운동기구는 사용이 힘들어 무용지물이라고 했던 게 생각났다. 빨간 옷을 입은 어떤 할머니는 다리를 유연하게 움직이며 만족한 모습으로 운동을 하고 계셨다. 주민들이 수시로 공원을 찾으며 건강한 삶을 사시는 것 같았다.

 동서남북으로 주택이 둘러싸여 있다. 공원으로 들어오는 길은 모두 세 군데이고 사잇길 하나가 더 있다. 잘 정돈된 공원에 흰 와이셔츠를 입은 중년의 남자가 들어오니 공원이 더 밝게 빛나는 것 같았다. 이곳에서 흙 밟는 일은 어려웠지만 그렇게 불만이 생기지 않았다. 공원은 구청의 노력만으로 잘 가꾸어질 수는 없을 것이다. 그 80대 할머니처럼 관심과 애정을 기울일 때 어느 공원보다 돋보이는 곳이 될 것이다. 공원을 자기 집처럼 생각하고 풀 하나라도 뽑는다면 공원의 이미지는 더욱 격상될 것이다.

 외국 수종이 우리나라 기후와 토양에 잘 적응하고 튼튼하게 뿌리를 내린 것처럼 이 공원을 소중하게 생각하는 주민들의 마음도 잘 뿌리 내렸으면 한다. 80대 할머니 같은 아름다운 손길이 계속 이어질 것이라는 추측이 된다. 마음이 포근해지는 곳이다.

모심을 받는 풍경
– 도화공원

일층은 주차장 이층은 공원이다
동쪽과 서쪽 지형 키 높이 다르지만
직사각 공원의 얼굴 반듯하고 여유롭다

도서관 곁에 끼고 문화 시민 다 되었다
쓰레기 하나 없이 모심을 받는 공원
흙 마당 옆에 잔디밭 배수로가 환하다

비 와도 고이는 물 밟을 일 없는 이곳
물 빠짐 척척 되니 하는 일들 순조롭다
철쭉꽃 분홍빛 발산 웃음 짓는 주민들

　도화공원이란 말을 들었을 때 복숭아꽃을 볼 수 있을 것이라는 선입견을 살짝 가졌다. 공원에 도착하니 생각지도 못한 공영주차장이

있어 준비된 공원임을 알게 했다. 이 주차장은 동쪽에서 보면 이층이고 서쪽에서 보면 일 층쯤에 있는 것으로 보인다. 주차장 위에는 공원이 있는데 찾아간 날은 공원의 철쭉꽃이 공영주차장 담에 연분홍 얼굴을 내밀고 있어 공원을 밟기 전부터 힐링이 되었다.

주차장 쪽에서 계단을 오르려 하니 좌측에 중구자율방재단의 건물이 있다. 두 건물 사이에 있는 소담스러운 길을 통하니 네모반듯한 공원의 모습이 드러난다. 보는 순간 잘 정리된 남의 집 안방을 보는 듯했다. 좌측에는 "가까운 도서관"이라는 작은 건물이 있고 오른쪽에는 놀이시설과 운동기구가 있다. 쓰레기 하나 보이지 않는 공원에는 자율방재단원인 듯한 사람들이 유니폼을 입고 주변을 오가고 있었다.

한눈에 공원의 구조가 파악되는 곳이어서 여기저기 꼼꼼히 살펴볼 필요가 없었다. 들어서서 밟게 되는 흙 마당이 끝나는 지점에 잔디밭이 있다. 잔디밭을 전면에 둔 반달형의 데크 무대가 있고 좌측에는 앉을 수 있는 시설이 있다. 이 공원으로 들어오는 입구는 딱 세 군데다. 사람들이 다니면서 자연스럽게 만든 길은 없는 구조이다. 주변 주택보

다 높게 지어져 있고 바깥으로는 철제 난간으로 담장이 돼 있다. 세 개의 길을 통해 쉽게 오갈 수 있기에 불편함은 없을 것 같다. 공원 주변에는 나무가 많지 않다. 한 나무 건너 휑하고 또 한 나무 건너 휑했다.

 운동을 하시던 할머니는 주변에 난 쑥을 캐러 갔다. 쑥이 많이 있냐고 하니까 여기만 수북하게 나 있어 캐고 있다고 한다. 오전 10시가 거의 다 됐을 때 도서관 관리자가 출근을 했다. 어른들이 읽을 책과 아이들이 읽을 책이 구비돼 있으며 반납은 언제라도 가능하다고 한다. 이곳에서 행사 같은 게 있는지를 물으니 없다는 답이 돌아왔다. 공간은 준비를 마쳤는데 활용이 잘 안 되는 것 같았다.

 지대가 조금 높아서인지 잔디밭 주변과 흙 마당 주변으로 배수로가 잘 설치돼 있다. 아침에 내린 비로 인해 배수로에 물 흐르는 소리가 들렸다. 배수가 잘되니 물이 고여 있는 곳이 없다. 공원을 주민들이 모시고 산다는 기분을 가지게 했다. 공원이 땅보다 높이 형성돼 있는 것 때문이다. 공원이 한눈에 훤히 다 보이니 어디에 문제가 있는지 바로 확인도 되고 관리도 바로 될 수 있을 것 같다. 살피고 보호하고 깨꿋이 관리하니 모심을 받는다는 말이 조금도 어색하지 않다.

두 명의 남자가 정보지를 들고 벤치에 앉는다. 일자리를 알아보거나 다른 정보를 알아보는 것 같다. 주변은 단독주택과 상가 아파트가 있어 공원 이용이 잘될 것 같다. 세 개로 난 길을 일일이 오르며 다시 한번 더 네모반듯한 공원이라는 생각을 한다. 구석진 곳이 있거나 감춰진 곳이 전혀 없어 비밀이 하나도 없는 어떤 사람을 만난 기분이었다.

흙 마당과 잔디 마당이 붙어 있어 자연미가 느껴지고 공원을 관리하는데 아주 편리할 것 같다는 생각도 든다. 고장이 나면 즉시 발견할 수 있는 장점을 지닌 이곳이 잘 정리된 남의 안방처럼 느껴진다. 단순하면서도 짜임새 있는 공원이라는 평을 내리며 철쭉꽃을 향해 눈인사를 하고 나왔다. 모심을 받듯이 높이 형성된 공원이 아주 인상적이었다.

여기도 여백이
– 삼일공원

땅으로 쭉쭉 뻗다 나무를 붙잡은 손
땅 냄새 밀어내고 하늘 냄새 당기려고
눈뜨면 키재기하고 자기 전에 스트레칭

벚나무 땅속으로 뿌리를 키워간다
생장력 뛰어나서 은행나무 밀어내고
뿌리를 줄기로 변신 새싹들을 피운다

잎 하나 달지 못한 은행나무 처량하다
지금은 약자 신세 힘겨루기 지고 있다
수시로 주변을 탐색 여백의 땅 넘본다

 병영지구대를 앞에 둔 이곳은 도로에서 한 발만 올리면 바로 공원이다. 주변에 수령이 꽤 된 나무들이 늠름하고 듬직한 담이 돼 준다.

잎이 무성한 느티나무 사이사이에 벚나무 은행나무 소나무가 간간이 보인다. 마치 느티나무 세상인 것 같은 이곳에서 생장력 좋은 벚나무가 눈에 띈다. 땅 위로 드러낸 뿌리가 줄기 되어 연둣빛 싹을 틔운다.

여러 출입구 중 돌계단을 밟고 오르면 파란색의 철봉대가 높낮이를 달리하며 설치돼 있다. 철봉에서 혹 안전사고가 생길 수도 있기에 바닥은 흙으로 돼 있다. 특이하게 공원이 두 개의 단을 이루고 있다. 위쪽 단에는 누군가 빈 땅에 식물을 심은 듯 줄로 둘러놓았다. 텃밭을 만들면서 나온 자잘한 돌멩이들이 나무 주변에 쌓여 있다. 그 나뭇가지에는 알록달록한 훌라후프가 걸려있다. 파라곤이 있는 곳에 아이들의 놀이 공간과 몇 개의 운동기구가 있다. 어른들이 운동을 하면서 아이들을 살필 수 있는 공간에 적절하게 배치되어 있다.

깔아놓은 야자매트가 흙 속에 파묻혀 있다. 오랜 세월이 흐른 이유도 있겠지만 많은 사람들의 발자국을 수없이 받아낸 흔적이라 할 수 있다. 공원 가장자리에는 담쟁이덩굴이 푸른 잎을 펼치며 자기들의

영역을 넓히고 있다. 주변에 있는 나무줄기를 타고 벌써 올라간 것도 있다. 공원으로 들어오는 다른 입구는 계단을 이용한 진입도 가능하다. 계단을 오르기 힘든 어른들은 걸음이 편한 길로 가면 된다. 사람들이 원래 길 아닌 곳을 밟고 다녀 땅이 단단하게 굳어 있다. 없는 길도 만들면 길이 된다는 말이 있듯이 여기도 그렇다.

흙길을 밟을 때는 왠지 자연을 포근히 만나는 기분이다. 포장된 길을 밟을 때 오는 피로감을 많이 덜어준다. 맨발 등산로가 생긴 것도 건강과 직결이 되듯이 신발을 신고 흙길을 걸어도 건강해지는 기분이다. 위쪽 단과 달리 아랫단의 공원 느낌이 썰렁하다. 가장자리에 벤치가 놓여 있고 네모공간으로 된 안쪽은 텅 비어 있다. 어떤 놀이를 해도 공간 활용이 잘될 것 같다. 마침 공원을 지나는 사람이 있어 "여기에서 공도 차고 행사도 하나요?" 했더니 공놀이도 하지 않고 행사도 안 한단다. 벤치에 앉아 그냥 텅 비어 있는 공간을 바라보는 용도인 것 같았다. 그림에서 여백을 두고 감상의 폭을 넓히듯이 여기에도 그런 적용이 되는 것 같다.

자세히 보니 고사한 큰 나무가 보인다. 벚나무가 뿌리를 왕성하게 뻗어 은행나무 뿌리를 못살게 군 것 같다. 바로 옆에 꿋꿋이 서 있던 은행나무가 생명을 다한 채 잎 하나도 내밀지 못하고 있다. 식물도 알게 모르게 생존경쟁을 하는 것처럼 우리 사람도 마찬가지이다. 공원을 지나던 어느 행인의 전화 내용이 들린다. "오늘 일을 잘 끝내야 할 텐데 걱정이 된다." 그 옛날 내가 자주 했던 말이어서 마음이 머문다. 여기에는 공원을 알리는 안내도는 없지만 공원등에는 이곳이 어디인지를 말해 주고 있었다.

사방이 뚫린 공원으로 찬바람이 불어온다. 봄인데도 바람이 많이 차갑다. 사람들이 많이 밟은 길을 나도 다시 밟아본다. 이곳을 찾았던 사람들의 숨결이 느껴진다. 고단한 하루를 이겨낸 개인사가 이 길에 빼곡히 박힌 듯하다. 이 공원 여백의 땅에서 생의 조각들이 빛난다.

예사롭지 않은 기운
– 학성제2공원(장무공원)

가까이 지내는 게 정답은 아니겠지
나무들 간격만큼 성장은 달라지지
뿌리가 뒤엉킨 세상 검은 혹들 돋아난다

적당한 거리 유지 나무들 평화롭다
볕뉘가 많을수록 풍경은 따듯하다
이곳이 친근한 이유 배려 정신 지녀서다

학성제2공원을 내비게이션에 입력하고 출발했는데 도착한 곳은 MBC방송국과 인접한 장무공원(MBC공원)이었다. 잘못 왔나 하고 지나가는 행인에게 물었지만 학성제2공원은 모르고 여기는 방송국공원이란다. 공원 이름은 달랐지만 무언가 횡재를 한 기분이었다.

학성산 벚꽃길이라는 안내도에 따라 벚꽃 산책로를 잠깐 걸었다. 벚꽃은 다 지고 건장한 벚나무들이 튼튼한 줄기 서너 개를 키운 채 위

풍당당하게 주변을 호위하고 있었다. 벚꽃길이 끝나니 MBC방송국과 담 없이 접한 '학성산 야외공연장'이 한눈에 들어왔다. 넓은 무대와 일자로 놓인 나무계단들이 기존 지형을 이용하여 층층이 넓은 면적을 차지하고 있었다. 어떤 공연을 해도 어울릴 듯한 손색없는 무대와 객석이었다.

나는 무대에 서서 객석 쪽을 바라보았다. 경사가 조금 진 객석을 오르내릴 때 불편하지 않도록 새로 깐 듯한 야자매트와 튼튼한 통나무계단이 낮은 높이로 놓여 있었다. 객석 옆으로는 우람한 소나무들이 에워싸고 있어 운치가 있었다. 객석 뒤쪽 상단에는 '박윤웅과 계변성'에 관한 설화가 자세히 소개되어 있어 눈여겨보았다.

아침 시간인데도 공원을 찾는 사람들이 많았다. 여성회관도 가까이 있어서인지는 모르겠지만 다른 공원과는 비교가 되지 않을 정도로 인적이 많았다. 몸통이 큰 소나무 사이에 운동기구들이 있었고 간간이 놓인 의자와 편안히 누워서 쉴 수 있는 벤치가 체형에 맞게 구비

돼 있었다. 쭉쭉 뻗은 소나무들을 누운 채로 볼 수 있어 또 다른 즐거움이 되었다.

 이곳의 토질이 좋아서인지 건강미 넘치는 나무들이 많았다. 소나무끼리의 간격이 적당해서인지 보는 나무들마다 평화로워 보였다. 앞에 있는 소나무 몸통이 제일 크다고 생각하다 옆을 보면 또 옆 소나무가 제일 큰 것 같기도 해서 몸통이 제일 큰 나무를 정하는 게 어려웠다. 보는 나무마다 얼마나 잘 자랐던지 탄성이 절로 나왔다. 수령이 족히 몇백 년은 될 것 같았다.

 소나무 사이로 들어온 오전의 볕뉘들이 황금처럼 눈이 부셨다. 나무들 사이에 놓인 야자매트가 거의 닳은 것도 있었고 새로 교체한 것도 있었다. 사람들이 걸어서 새로 낸 길도 많았다. 얼마나 밟았던지 길들이 반질반질했다. 구강서원과 충의사임을 알리는 화살표가 있었지만 몇 걸음 걷다가 다음에 자세히 둘러볼 요량으로 마음을 접었다.

공원을 오른 후 다시 내려간다는 느낌을 주는 곳으로 방향을 돌리니 '장미터널 끝'이라는 표지판이 나왔다. 끝까지 내려갔다가 계변성(학성)으로 오르니 동백나무군락지가 있었다. 학성공원에서 본 것과는 비교가 되지 않을 정도로 많은 수였다. 이곳이 동백나무의 큰 군락지이고 저번에 갔던 학성공원이 동백나무의 작은 군락지 같다는 생각을 했다. 장미터널과 동백숲 쪽에서 공원 탐방을 마칠까 하다 장미터널로 갈라지는 곳에 '주상절리'라는 표지판이 있어 그곳으로 방향을 틀었다.

공원에서의 주상절리를 생각하니 발걸음이 빨라졌다. 새로 깐 누런 야자매트를 밟으며 마치 날다람쥐가 된 기분으로 내려갔다. 공원 주변에는 텃밭들이 많았다. 누군가의 손길로 푸성귀들이 잘 자라고 있었다. 공원에서 묵인을 하는 건지, 모르고 있는 건지는 알 수 없었지만 주상절리로 가는 길 텃밭에서는 딸기들도 볼 수 있었다.

주상절리를 만날 생각으로 급히 내려간 길에서 '학서마을 팽나무'를 먼저 만났다. 얼마나 나무의 인물이 좋고 웅장한지 어느 화가가 대형 그림을 그려 놓은 것 같은 착각을 하게 했다. 사람들의 더위를 식혀주기 위해 팽나무를 느티나무처럼 정자나무로 심었다는 내용과 함께 수령이 100년 이상인 것으로 추정된다는 설명 글이 있었다.

팽나무 뒤쪽에는 나무들이 우거져 있는 주상절리가 보였다. 이것은 계속 연결된 것이 아니라 끊어졌다 다시 이어져 있었다. 이제 없겠지 하고 보면 다시 나타났다. 바다에서 본 주상절리와는 느낌이 달랐다. 좁은 틈을 경계로 다각형 막대 모양이 묶음을 이루었는데 육각형과 오각형 등의 돌기둥이 서로 뒤섞여 곧추 서 있었다. 도구를 이용해 강하게 내리치면 엿가락처럼 일정 크기의 덩어리나 판자 모양으로 떨어져 나갔기에 이곳 주상절리는 인근의 성을 쌓거나 온돌의 구들장으로 많이 이용되었다고 한다. 아이 키만 한 것도 있고 몇 미터 높이를 자랑하는 것도 있었다.

  돌은 강하고 나무는 돌에 비해서 약하다는 선입견이 있었는데 여기서는 그것이 뒤집히고 있었다. 밖으로 드러난 나무뿌리들이 주상절리를 장악하고 있었다. 닭이 알을 품듯 나무가 돌을 품은 형국이었다. 이곳에서 만난 나무들의 강인한 생육을 보면서 이 공원의 터가 아주 셀 것이라는 생각을 했는데 주상절리를 삼킨 나무들에게서 그것이 더욱 증명되고 있었다.

  나말여초 울산 지역의 대표적 호족인 박윤웅의 이야기를 갑자기 연관 짓고 싶어진다. 그는 태조를 도와 큰 공로를 세웠다. 고려사에 기록된 전설에 의하면 그 무렵 계변천신이 쌍학을 타고 계변성 신두산에 내려와 백성을 편안히 살도록 다스렸다. 그가 바로 이 신학성의 장군 계변천신 박윤웅이라고 했다. 여기 기운이 예사롭지 않은 것은 어쩌면 신격화된 그의 넋이 그때부터 어려있기 때문은 아닐까.

  그 옛날 계변성이 신학성으로 다시 학성으로 명칭이 바뀌어 지금은 학성산으로 불리고 있다. 장무공원의 법적인 명칭도 도시계획상으로는 학성제2공원임을 뒤늦게 확인할 수 있었다. 명칭이야 어떻든 간에 신비로운 기운을 체험하는 시간이었다.

예술, 육지꽃버들
- 예술공원

소리로 표현하면 귓속을 통하지만
그려서 나타내면 눈으로 들어온다
말없이 서 있는 나무 생각들이 다르다

입으로 말 안 해도 스스로 느끼는 건
학습을 통해서만 되는 게 아닌 거다
교감 문 저절로 열려 마음 문도 그렇게

양쪽에 단장하고 산책길을 밝히는
나무들 생각하고 천천히 걷다 보면
들린다 어서 오라는 나무들의 환영사

내비에 종가로 405를 입력했더니 중구문화의 전당 쪽으로 안내를 한다. 여긴 분명 내가 찾는 예술공원이 아닐 것이라는 생각을 하면서

도 산책을 나온 사람들에게 질문을 해 보았다.

"여기가 예술공원인가요?"

"네, 예술공원이 맞을 거예요. 여기서 공연도 자주 하고 사람들도 많이 오니까요."

아무리 찾아봐도 공원의 안내도가 없었기에 그 사람의 답변은 고마웠지만 수긍하기 힘들었다. 하지만 이왕 왔으니 좀 둘러보기로 했다.

건물 정면에는 다리가 긴 세 마리의 말 조각상이 햇살을 받으며 서 있다. 얼마나 길던지 고개를 들어 한참이나 올려다보았다. 건물 가까운 쪽에도 볼거리가 많았는데 특히 '선사의 꿈'이라는 제목으로 까만 돌에 얼굴을 조각하여 두상만 눕혀놓은 게 인상적이었다. 하지만 안목이 없어서인지 무엇을 의미하는지는 알 수 없었다. 하지만 예술가의 고뇌가 가득 담긴 것 같아 마음으로 느껴보려고 노력했다. 건물 후면에도 예술가들의 멋진 조각상이 있어 의미를 부여하며 감상을 했다. 조각상들을 보면서 이곳이 예술공원이었으면 좋겠다는 생각을 했다.

이리저리 살피며 주차장에서 위쪽 도로를 오르니 내가 찾던 공원이 나왔다. 중구문화의 전당에서 훌륭한 조각품에 매료되어서인지 여기 공원이 시시하게 보였다. 예술을 어디에서 찾아보나 하는 생각으로 공원안내도를 훑었다. 야외스탠드·잔디마당·초화원·잔디언덕·바람동산·돌담산책로·쉼터·건천 이런 범례들만 보인다. 내가 찾던 예술의 예자는 찾을 수 없었다. 그래도 애정을 가지고 둘러보면 공원의 특징

을 찾을 수 있을 것이라는 생각을 하며 이곳저곳으로 시선을 돌렸다.

근린공원 10호인 이곳 예술공원은 에너지경제연구원과 인접해 있다. 이 연구원은 공원을 앞에 두고 있어 행운을 거머쥐었다는 생각을 하게 된다. 이곳이 타 공원과 다른 점은 나무를 식재한 중간중간에 야외 스탠드가 놓여 있다는 것이다. 노천에 설치된 관람석은 특이하지만 그 역할이 제대로 될까 하는 의구심은 들었다. 주변의 풀들로 인해 그 형체는 잘 드러나지 않았다.

디딤돌을 밟고 계단을 오르니 붉은 잎을 틔우던 홍가시나무가 양쪽에 일렬로 서서 기분 좋게 맞이한다. 처음 보는 '먼나무'들도 노랗고 푸르고 붉은 잎을 달고 있어 시선을 붙잡는다. 주변에 여러 그루가 사이좋게 서 있다. 정돈된 조경수들은 기분을 좋게 한다. 사람의 손길이 미치는 것은 자연을 거스르는 일이지만 공원을 관리하고 있다는 기분을 가지게 하기에 그런 점에서는 좋다고 생각한다.

광나무·피라칸사스·꽝꽝나무·다정큼나무 모두 처음 보는 식물이어서 한 번 더 보게 된다. 식물 이름이 적힌 팻말을 보면 성의가 느껴지면서 고마운 마음도 든다. 이번에는 동백나무들이 양옆에 서서 반긴다. 무엇이든 양쪽으로 서 있을 때 균형감과 공평함을 느낀다. 한쪽으로 치우치지 않아 기분이 좋아진다. 몸을 중심에 두고 양손과 양다리가 있는 것처럼 내가 지나가는 길에 이렇게 양쪽으로 나무들이 서 있다는 것은 환영을 받는 기분이 들어 매우 만족스럽다.

동백길을 지나니 풍차가 있다. 언젠가 도로를 지나다 본 것 같은데 여기서 자세히 보게 되니 좀 더 색다르다. 동백꽃과 같은 색의 지붕과 네 개의 날개는 생동감을 느끼게 했다. 갑자기 몸에 날개가 돋는 듯도 했다. 빨간색은 우리 몸을 돌고 있는 혈액과 같은 색이어서 그런 느낌을 갖게 한다. 잠깐 벤치에 앉아 풍차 옆에 있는 소나무를 바라본다. 많은 솔방울을 달고 있고 더러는 떨어져 있다. 번식을 하기 위한 나무의 몸부림에서 다산을 떠올린다.

　우리나라의 인구가 계속 줄고 있다. 태어나는 아이들이 없으니 미래가 걱정이다. 이 소나무처럼 자식들을 많이 낳아 번창한 사회가 되도록 해야 하는데 너도나도 낳지를 않으니 머잖아 인구를 수입하는 날이 올지도 모른다. 이런저런 생각으로 마음은 복잡했지만 지체하면 안 될 것 같아 다시 위쪽으로 올라갔다. 이 공원은 지형이 길쭉한 형태이다. 거의 끝 지점까지 온 것 같다.

　산사나무와 좀작살나무를 만나고 쉼터쯤에 다다르니 어떤 사람이 책을 읽고 있다. 이곳에서 책을 읽는 기분은 어떨까. 나도 언젠가 저 사람처럼 책을 펼쳐보고 싶다는 생각을 했다. 두 소나무가 서로 잎을 맞대고 속삭이는 듯한 모습을 보면서 다시 아래로 내려왔다.

　뭔가 허전했다. 예술공원에서 예술을 찾아야 하는데 아직도 눈에 들어오는 게 없었다. 공원 입구에서 가까운 건천 쪽으로 향했다. 거기에는 '육지꽃버들'이라는 식물이 있었다. 무성한 잎들이 나무 몸통을 숨긴 채 공중에 떠 있는 것처럼 보였다. 아무리 고개를 숙여도 나무줄기는 보이지 않았다. 나는 순간적으로 이곳의 예술은 바로 이것이라는 결정을 순식간에 내려 버렸다. 찾으려고 했던 예술을 이제야 찾은 것 같아 후련했다.

온담정의 기운
– 구교공원

오늘은 하루 쉴까 날씨가 방해하니
아니야 그런 마음 먹으면 습관되지
온담정 시선을 잡고 온기들이 부활한다

비석들 이곳 유래 펼쳐서 읊고 있다
그 옛날 향교 터가 공원이 되었다지
배움이 비상했던 곳 사람들은 기억한다

구교동 주민들이 아끼고 보호하니
행복이 홀씨 되어 사방으로 날아간다
더 맑게 공원취지문 더 푸르게 보존된다

하루라도 책을 읽지 않으면 입안에 가시가 돋는다는 '일일부독서 구중생형극'이라는 안중근 의사의 유묵 글귀가 있다. 요즘 나에게도 그것과 비슷한 현상이 일어나고 있다. 하루라도 공원을 가지 않으면 병이 날 것 같은 지경에 놓인 것이다. 그래서 비 오는 날 우산을 쓰고 기꺼이 또 찾아왔다.

축축한 날씨에 이곳을 잘 선택했다는 생각이 든다. 이 공원은 온기를 담은 정원으로 '온담정'이라는 제목을 달고 있다. 다채로운 색채의 식물들, 신비로운 수벽을 연상시키는 유리온담, 물이 흐르는 듯한 동선 패턴의 자연스러운 조화를 형상화시켰다는 설명글에서 온기가 느껴졌다. 온담정 표시가 있는 곳에는 철망 속에 돌과 유리들이 가득 채워져 있다. 벤치와 함께 붙어있는 여러 군데의 철망에도 돌과 유리들이 담겨 있다. 멀리하고 싶은 소재일 수도 있지만 정돈되어 있으니 의미 있는 오브제가 된 것 같다.

이곳이 소재한 구교동에 대한 유래를 비석 글에서 확인해 본다. 옛 향교 터였으며 서기 1652년부터 지금까지 구교동으로 불리고 있음을

밝혀 놓았다. 무엇인가를 알리고 싶은 마음이 이곳저곳의 비석에서 나타나고 있었다. '더 맑게 더 푸르게' 라는 돌비석에는 이 공원을 건립한 취지가 적혀 있고 어떤 나무 앞에는 반구2동 새마을협의회라는 검은 비석도 세워 놓았다.

많은 것을 드러내고 싶은 이 공원은 기존 터에 새로운 생명을 많이 입혔음을 알 수 있다. 안으로 쑥 들어가니 '새마을이 전하는 꼬마정원 향기' 라는 제목도 보인다. 공원 속에 다시 조성한 꼬마정원이다. 흰 자갈돌이 비를 맞아 더 하얗다. 자세히 보지 않으면 하얀 꽃으로 착각할 정도다. 오밀조밀하게 심어 놓은 꽃들이 알록달록 보기 좋다. 철근으로 된 아치형의 구조물을 양쪽으로 세워 놓았다. 장미들이 아치대를 타고 오를 모습이 곧장 그려진다. 5월이 되면 꽃들이 피어 사람들을 더욱 반길 것이다. 황색의 큰 포트와 작은 포트로 만든 인형 두 개가 친근하게 다가온다. 독 위에 앉아 있으니 소재가 서로 어울린다.

자연미를 살린 길들이 정답다. 파고라 주변 바닥의 붉은 벽돌이 비를 맞아 더욱 선명하다. 공원 사이에 난 붉은 벽돌 길도 운치를 한층 더해 준다. 어떤 사람이 우산을 쓰고 공원으로 들어선다. "비 오는 날 공원을 나오셨네요."하니까 정류장 갈 때마다 여기를 통해서 간다며 공원에 대한 자부심을 전했다. 이제 보니 공원 앞에 버스정류장이 있다. 주변은 단독주택이고 길 건너에도 단독주택이다. 꼭 공원을 가봐야지 라는 마음을 먹지 않아도 버스를 타기 위해 공원을 통했던 사람들은 공원의 품속에서 잠깐이라도 휴식을 취했을 것이다.

사람이 찾지 않는 공원은 더 이상 공원이 아니다. 여기는 그런 걱정은 안 해도 될 것 같다. 맞은편은 대로변인 데다 바로 인도를 접하고 있기 때문이다. 하지만 그것은 피상적인 것에 불과하다. 무엇보다 중요한 것은 듬직한 향나무의 자태와 공원 내에서 흐르는 온기가 그리워 즐겨 찾게 될 것이다. '더 맑게 더 푸르게'가 적힌 돌비석이 아름다워 한 번 더 매만지고 나왔다.

온통 달의 공간
- 달빛공원

한 그루 나무 심긴 한 개의 원형화단
경쟁이 필요 없는 독립된 공간에서
두 팔을 쭉쭉 뻗으며 삶의 터를 다진다

둥그런 연못에는 초대된 새들 앉아
몇 모금 목 적시고 솔숲으로 날아가
떨어진 솔방울 쪼며 구애가를 부른다

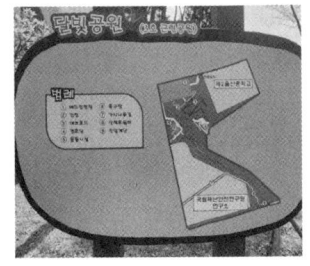

언제나 누구든지 환영하는 달빛공원
공들인 정성 읽고 모난 맘 털어내고
벤치에 몸 기대고선 파동들을 즐긴다

복산동에 위치한 근린공원이다. 인도와 공원의 높낮이가 거의 없다. 볼수록 빠져드는 공원이다. 진입 계단을 이용하지 않고 달빛공원

안내도가 있는 곳으로 들어갔다. 이곳을 들어서는 순간 달빛을 만날 것이라는 유치한 상상을 하다 나도 몰래 환호성이 터져 나왔다. 원형의 광장에 놓인 벤치도 시선을 끌었지만 주변에 조성된 구조물들이 거의 원형이었다. 작은 디딤돌까지도 둥근 모양으로 배치돼 있어 달의 의미를 읽을 수 있었다.

여기는 온통 동그라미 세상이다. 화단도 자전거 거치대도 작은 연못도 지붕이 있는 의자도 모두 원형이다. 다른 곳과는 차별화된 그 무언가가 더 있을 것이라는 생각으로 주변을 탐색하기 시작했다. 몇 걸음 앞 표지판에 "2021년 정원 분야 실습·보육공간 조성사업"이라는 것과 원형의 설계도가 그려져 있었다. 그 아래에는 "MOON SPACE, 바쁘게 흘러가는 일상 속 하늘을 볼 기회가 없는 현대인들이 은은한 달빛으로 치유하며 쉬어가는 공간이 될 수 있기를 바란다."는 내용도 있었다.

둥근 것은 모두 달의 모형을 본뜬 것이라는 해석이 되었다. 입구에서 바로 보이는 네모난 넓은 공터는 잔디가 조성돼 있었는데 배드민턴장이었다. 꽤 넓어서 배드민턴을 즐기는 사람들이 활발하게 운동공간으로 활용할 것 같았다. 네모난 배드민턴장은 주변의 동그란 화단들과 조화를 이루고 있었다. 심은 지 얼마 되지 않았다는 것을 알 수 있는 나무의 지지대가 곳곳에서 보였다. 배롱나무·소나무·단풍나무 등이 군락을 이루며 늠름하게 자라고 있었다. 그 아래로 모인 비둘기들이 먹이를 찾느라 분주했다.

원형의 화단을 감상하며 걷노라니 배드민턴장 가장자리에 세워둔 또 하나의 표지판이 보인다. '제3의 물결' 이라는 제목 아래 "달빛 파

동이 치는 물결을 모티브로 해서 도시의 화려한 불빛 때문에 달빛이 들어설 자리를 잃어간다는 현실에 착안하여 강에 비친 달빛이 물결을 따라 퍼져나가듯 우리에게도 달빛이 닿길 바란다는 메시지를 담았다." 라는 설명글이었다. 이곳에 사용된 철재기둥은 공업도시를, 원형플랜터는 물결이 퍼져나가는 파동을 상징하며 공업도

시가 점차 정원의 도시로 변화하는 과정을 식재 디자인으로 표현했음도 알게 했다.

안내된 내용을 가슴에 품으니 벌써 내 마음속에는 달이 가득 찬 것 같았다. 원형화단은 식물의 좋고 나쁨을 구별하지 않고 무엇이든 허용하는 것 같았다. 키 작은 식물 뾰족한 식물 볼품없는 식물 등 줄기 식물을 위해 길쭉하게 세워놓은 철제기둥까지도 다 품고 있었다. 자신의 공간을 원한다면 기꺼이 할애하겠다는 너그러움과 배려가 달 모형에 깃들어 있었다.

동그란 달 연못에 담긴 물을 먹기 위해 새들이 연못가에 앉아 있다. 그것은 사람에게 구경거리만 제공하는 게 아니라 새들에게 목을 축이며 쉬어가라고 손짓하는 배려와 사랑의 공간이었다. 잠깐 연못을 들여다보다 발길을 옮기니 중간중간에 물이 흘러갈 수 있는 수로가 보인다. 긴 수로들을 보면서 이곳이 그 옛날 습지였는지를 생각해 보았다. 세 번째 표지판에는 "리사이클, 지구의 물은 45억 년째 순환하고 있다."라는 설명글도 있었다. "무분별한 도시화로 불투수 면적이 증가하여 지구 물 순환 기능에 문제가 발생한다."라는 내용에서 환경의 중요성을 다시 생각하게 했다.

달빛공원 안내도가 있는 곳에서 가까운 거리에 있는 세 번째의 표지판을 만났다. "2022 정원 분야 실습·보육 공간조성사업, 정원드림프로젝트"라는 문구에서 공원부터 환경을 개선하고 지구를 위한 친환경 정원을 만들 결심을 했다는 것을 알 수 있었다. 이 공원 조성가는 머리로 가슴으로 많은 고뇌를 했을 게 분명하다. 환경의 중요성을 주민들에게 심어주고 싶었다는 마음이 공원 안을 꽉 채운 듯했다.

곳곳의 수로를 의미 있게 바라보면서 길게 난 데크 로드를 걸었다. 울산중학교가 보이는 이곳은 공원의 언덕이 아주 높았다. 소나무와 곰솔이 우거진 이곳에서는 솔 향기가 진했다. 데크 길을 한참 걸으니 운동기구가 어김없이 보인다. 바로 옆에는 '손골경로당'이 있다. 내려갔던 데크 길로 다시 오르니 날아다니던 노란 나비 두 마리가 입맞

춤을 하며 놀고 있다. 저 멀리서 까마귀 한 마리 목소리 높이기에 열중이다. 몇 굽이로 된 데크 길을 오르면 운동기구들과 족구장이 설치돼 있는 곳을 다시 만나게 된다. 공원 주변으로는 공공기관들이 많이 들어서 있다. 점심시간이어서인지 직원들이 삼삼오오 공원을 산책하며 환담을 나누고 있다. 공원의 가치가 발휘되는 순간이어서 보는 눈이 따듯해진다.

공원을 들어오는 입구가 여러 군데여서 진입이 편하다. 3호 근린공원인 이곳도 주민들로부터 사랑을 많이 받고 있음이 느껴진다. 조금 걷다 쉬고 싶을 땐 벤치에 앉아 주변에 있는 인공의 둥근 달을 만나는 재미를 느낄 수 있다. 사람들이 제법 오간다. 감나무 몇 그루도 보인다. 감이 익는 가을쯤이면 더욱 친근한 공원이 될 것이다.

평화로운 파동을 생각하며 달빛공원을 나선다.

우리가 모르는 사이
- 새터공원

바닥에 한글 자모 타일이 깔려 있어
눈으로 훑어보고 반가움 표해 본다
둥그런 억새 잎 지붕 길손들을 부른다

통나무 경계되어 공간을 구분 짓고
무엇을 뜻하는지 바로바로 알게 한다
흙길을 원 없이 밟고 식물들을 만난다

팻말에 적힌 이름 한 번씩 불러보면
어느새 친구처럼 다정함 묻어난다
누구나 슬리퍼 신고 세포 이완 시킨다

 환경부의 지원을 받아 울산 중구청에서 설치한 공원이다. 자연적 요소와 자연재료를 활용한 놀이와 생태체험학습과 휴식을 취할 수 있

도록 한 생태놀이공간이다. 생태놀이터는 이번이 세 번째이다. 모두 획일적이지 않고 창의적인 공간 활용이 되었음을 확인할 수 있었다.

안내도가 있는 곳으로 진입하면 자모음의 바닥 타일이 먼저 반긴다. 여기를 지나면 두 갈래 길이 바로 나온다. 나는 왼쪽부터 돌아보기로 했다. 운동기구가 놓인 앞쪽 억새 잎으로 지붕을 엮은 세 개의 테이블과 의자가 시선을 확 끈다. 꼭 민속촌에 온 듯한 느낌을 갖게 한다. 진갈색을 띤 원목 놀이기구들이 여러 군데 보인다. 주변이 자연스럽게 어우러져 인공적인 것마저도 자연적인 느낌을 준다.

마루놀터·둥지놀터·시원한 통나무언덕·보라 통나무길·큰거미줄놀이·녹색터널게이트·곤충호텔·조류호텔·나무더미 등으로 구성돼 있다. 여기는 식물 이름이 많이 소개돼 있다. 그중에는 박태기나무 자엽자두 계수나무 팻말이 주인을 잃은 채 여기저기 쓰러져 있다. 입구는 세 곳인데 모두 들어오는 통로에 한글 자모음이 적힌 바닥 타일이 깔려있고 안쪽에 또 하나가 더 있다. 원시적인 느낌이 나면서 인공미가 가미된 곳을 일일이 살펴본다.

여기도 동서남북 네 곳이 모두 주택이다. 슬리퍼 신고 편하게 오갈 수 있는 위치에 있다. 통나무언덕은 나선형 지형의 동선을 따라 미스트설비를 갖추어 하절기에 온도를 낮추어 주고 어린이들의 창의

적 상상력으로 뛰어놀 수 있게 했다. 보라통나무길과 큰거미줄놀이 장소에는 단면을 보라색으로 색칠한 보라통나무길을 걷고 큰 거미줄을 오르내리면서 모험을 즐길 수 있게 했다. 둥지놀터는 주변 나뭇가지를 엮어 새 둥지의 형상을 나타낸 공간으로 새끼 새가 되어 둥지의 안락함을 느껴보게도 했다.

원추리·목련·돈나무·하늘매발톱·화살나무·계수나무·박태기나무 등 식물들이 아기자기하게 공존하며 서로를 응원하고 있다. 아이들의 공간인 듯 보이지만 어른들의 쉼터로 손색이 없다. 나무들이 우거진 길을 걷는 기분이 청량하다. 흙을 밟으며 새 소리를 듣고 식물이

자라는 모습을 가까이에서 볼 수 있으니 지상낙원이 따로 없다. 공간을 나타내는 곳마다 통나무들이 경계가 되어준다. 나무들 중에는 부식이 되어 흙으로 돌아가고 있는 것들도 보인다. 화학 재료가 아니어서 보는 눈이 편하다.

중간중간에 큰 돌들이 놓여 있어 더 자연 친화적이다. 다듬어진 돌이 아닌 자연 그대로의 돌이다. 청춘남녀들이 억새 지붕 테이블에 앉아 이야기를 나눈다. 사진 찍는 걸 잠깐 보류하고 반대로 난 길을 다시 걷는다. 사람들이 공원을 들어서고 있다. 얼마나 좋은 쉼터가 되는지를 다시 확인하게 된다. 거의 편한 복장으로 집에서 도보로 오는 사람들이다.

조금 전에 그냥 지나쳤던 약간 언덕진 곳으로 다시 가 본다. 땅으로 많이 드러난 벚나무와 느티나무 뿌리를 걱정어린 눈으로 살핀다. 벚나무의 뿌리는 갈색이 아니고 약간 검은 색이다. 이상한 생각이 들

어 자세히 들여다보니, 세상에나 느티나무 뿌리가 벚나무 뿌리를 파고들어 두 뿌리가 엉겨있는 게 아닌가. 약자는 벚나무였다. 느티나무 뿌리는 그대로 갈색을 띠고 있는데 벚나무는 아니었다. 벚나무의 고통이 바로 읽히었다. 두 나무는 한쪽의 뿌리를 통해 불편한 동거를 하고 있었다.

아이들이 노는 동안 어른들이 쉼을 즐기는 동안 나무들은 이렇게 생존경쟁을 하고 있었다. 공격하는 나무 공격 당하는 나무 얼마나 서로 힘겨루기를 했을까 싶다. 눈앞의 결과물 앞에서 다시 자연의 이치를 깨닫는다. 모든 것에는 이유 없는 것이 없다. 내가 여기에 온 것처럼.

제4부

이곳을 잊지 마세요

- 운명과 숙명
- 울타리 안의 풍경
- 원동력은 마로니에
- 원형모래구장
- 육지 속의 바다
- 이곳을 잊지 마세요
- 이끼의 최적지
- 이동하지 않는 새들
- 위로가 된 곰 조형물
- 이름이 바뀌었네

운명과 숙명
– 양지공원

입구에 심어 놓은 은행나무 환영 인사
찾아온 손님마다 고맙다 손 내민다
양쪽에 나란히 서서 든든하기 그지없다

동그란 도넛 의자 느티나무 싸고 돈다
여름에 많은 그늘 원 없이 달라 한다
둥글게 모여 앉으니 웃음들이 오간다

이웃한 공원에는 나무들 더 많아서
여름볕 막아내고 큰 그늘막 돼 준다
그래도 이 공원 좋아 떠나지를 못한다

햇빛이 잘 드는 공원일 것이라는 추측을 하며 왔다. 다운동 체육회와 여성자원봉사회에서 공원을 위해 노력하는 것으로 보인다. 여름으로 달리고 있는 시기를 틈탄 풀들이 곳곳에서 자기들 세상이라고 아우성을 친다. 어느 곳에서나 자신의 존재를 꼼꼼히 알리고 싶나 보다. 뽑아도 뽑아도 돌아서면 또 나는 것이 풀이라는 말이 여기 상황과도 다르지 않다.

나무를 심어 울타리를 만든 이곳은 들어오는 입구가 세 곳이고 사잇길이 하나 있다. 동서남북 모두 민가가 자리하고 있다. 공원을 들어서는 입구에는 쓰레기들이 많이 쌓여 있다. 곧 치워지겠지만 잠깐만이라도 쓰레기를 방치하는 것은 공원의 이미지를 실추시키는 일이 된다. 양지공원 가까이에는 구름공원이 위치한다. 또 다른 공원이 주변에 있다는 것은 좋은 일이기도 하지만 다른 한쪽의 관리가 소홀해질 수 있는 부분이 되기도 한다.

세 곳의 입구에는 장승처럼 은행나무가 양쪽으로 한 그루씩 서 있다. 아이들의 놀이시설이 한 곳에 있지 않고 약간의 거리를 두고 떨어

져 있다. 가운데 지점에는 느티나무 한 그루를 사이에 두고 둥글게 원을 그린 도넛의자가 세 개 있다. 공원 가장자리에는 벤치가 몇 개 놓여 있다. 타일 바닥 주변으로 이끼가 끼어 있는 것이 보인다. 잎이 무성하여 햇빛이 들어오지 못한 게 원인일 것 같다. 느티나무의 잎에 의해 햇빛이 차단되고 있다.

관리가 잘되지 않는 듯한 느낌을 받는다. 하지만 이곳만의 공원 느낌이 나름대로 있다. 꽃밭 화단을 구분 지어 놓은 듯한 나무 칸막이가 길게 놓여 있다. 처음에는 각각 다른 종류의 화초를 심었을 것이지만 지금은 칸과 상관없이 야생화들이 같은 종류로 피어나고 있다. 옛날의 야심 찬 흔적을 이렇게라도 보니 그때 조경사의 마음이 읽힌다. 그 옆 벤치에는 풀이 높이 자라 앉는 게 불편할 정도다. 작은 네모난 화단이 두 개 있는데 그 안에서 자라던 나무가 고사한 것 같다. 이미 나무는 뽑히고 풀만 가득하다.

느티나무에 기대 둔 훌라후프는 나무를 사이에 두고 안정적으로 보인다. 누군가 금방이라도 그것을 뱅글뱅글 돌릴 것 같다. 히말라야시다 중국단풍나무 은행나무 단풍나무 소나무 등이 모두 많은 나이를 먹었음을 말해주고 있다. 나무와 나무 사이에 노란 바탕의 현수막이 걸려 있다. '울산광역시 병원동행서비스' 이다. 저 현수막이 마치 공원의 주인공이 된 냥 많이 부각되고 있다. 돌봄이 필요한 사람들이 많아지는 백세시대에 대한 대비책으로 받아들이고 싶다.

히말라야시다 앞에 놓인 벤치에 앉아본다. 나무가 죽어서 새롭게 태어난 의자에 앉아 살아 있는 나무를 바라보니 삶과 죽음이 한곳에 있다는 생각을 하게 된다. 먼 이국땅에까지 온 나무의 운명을 생각하고 여기에 온 나를 생각한다. 운명이 짙어지면 숙명이 되는 건가.

울타리 안의 풍경
– 공룡발자국공원

울타리 안쪽에는 비밀이 숨을 쉰다
공룡의 입을 통해 공룡의 몸을 거쳐
안착한 모래밭에는 공룡들의 발자국

모래흙 파헤치자 때마침 부화한 알
땅들이 긴장하고 데크 로드 멀미한다
억센 풀 밟히자마자 정신줄을 놓는다

색다른 공룡들이 조형물로 화석으로
움직임 과시하는 로봇으로 등장하면
노을도 시선 못 떼고 뒷걸음질 반복한다

차도를 마주하고 있는 소바우공원에서 빠르게 건너왔다. 공원 주변에는 낮은 울타리가 쳐져 있었지만 덩치 큰 공룡이 울 밖으로 훤히

보인다. 형식적으로 친 그것이 우리 눈에는 울타리로 보이지만 공룡들에게는 한 개의 작은 점에 불과할 것이다. 공룡 발에 밟히는 순간 땅속으로 쑥 들어갈 것 같은 상상을 하면서 형식적으로 쳐 놓은 그것에 연민이 느껴진다.

공원 입구에서 안으로 들어가려면 공룡 뼈 조형물의 입을 통해 몸통을 지나야 한다. 옆에 또 다른 길이 있지만 여기를 통하는 게 더 기분이 날 것 같아 냉큼 들어섰다. 하얀 뼈들이 좌우에 날카로운 송곳처럼 서서 끝을 약간 구부린 채 반긴다. 공룡발자국공원답게 주변에는 거대한 공룡들이 여러 형태로 서 있거나 앉아 있다. 이곳에 있는 로봇 공룡들은 오전 10시부터 오후 6시까지 10분 주기로 감지 센서에 의해 움직인다. 공룡테마파크답게 현실감 있게 잘 살려 놓았다.

화석놀이터에는 부화한 흔적의 깨진 알들이 여러 개 놓여 있다. 어떤 알들은 모래 속에 묻힌 채 부화를 기다리기도 한다. 모래와 완전히 다른 흰색의 알은 아이들을 불러들이기에 충분해 보인다. 땅을 파면 공룡발자국이 나온다고 하니 아이들은 신나게 흙을 파헤칠 것이다. 여기에서 놀다 쉴 수 있는 대형 파라솔이 한곳에 펼쳐져 있다. 햇볕이 강한 날에도 파라솔 밑에서 맘껏 놀 수 있을 것 같다. 또 다른 알들은 놀이터 밖에서도 만날 수 있어, 알에서 공룡이 태어난다면 족히 몇 마리는 될 것 같다.

엄마의 손을 잡고 나온 아이에게 엄마는 공룡이 무서운지를 묻는다. 어린아이는 무섭다며 만지는 것을 꺼린다. 엄마가 아이의 손을 잡고 직접 만져보게 한다. 밖에서 보면 제일 먼저 보이는 게 육식공룡인 스피노사우루스이다. 화석놀이터와 가깝게 있다. 공원 중앙에 있는 초식공룡은 브라키오사우루스이다. 목이 길고 가늘어 무서움은 덜하고 오히려 친근하다. 이 공룡 주변에는 알을 낳으면 곧바로 담겠다는 듯 대형 화분들이 빙 둘러져 있다.

관람 데크로 내려가기 위해 발걸음을 옮기니 오른편에 초록 색깔의

한 공룡이 앉아 있다. 공룡의 한쪽 몸을 약간 휘게 하여 아이들을 앉을 수 있게 해놓았다. 아이들에게 공룡을 친근하게 만나게 한 의자의 배려에 살짝 미소가 지어졌다. 관람 데크를 걷는 사람들의 발자국 소리가 들려온다. 공룡이 실제로 성큼성큼 걷는 것처럼 쾅쾅 강한 소리를 낸다. 그리고 데크 길도 공룡이 지나다닐 수 있을 만큼 폭이 넓다. 나도 데크를 밟고 가면서 조금 전 들렸던 그런 소리를 냈다. 벌써 공룡 몇 마리가 지나간 것 같다.

  관람 데크에서 바라보니 언덕진 곳에 두 마리의 초식공룡이 고개를 숙인 채 풀을 뜯고 있다. 그 주변에는 바윗돌이 납작하게 누워 있고 알 무덤인지 사람 무덤인지 알 수 없는 둥그스럼한 형태의 봉분 같은 게 두 개 있다. 내가 사진을 찍고 있으니 어떤 관람객이 저것이 무엇인지를 묻는다. 나는 넓적하게 깔린 바위를 보면서 사람 무덤은 아닌 것 같다는 답을 했다. 우리 조상들은 딱딱한 돌덩이가 있는 곳에 묘

를 쓸 것 같지 않았기 때문이다. 그런데 자세히 보니 그것은 공룡발자국화석이었다. 나의 무지가 부끄러웠다. 다른 사람들이 데크를 밟고 또 오고 있다. 그들도 밟는 소리를 즐기며 공룡발자국 소리로 연관 짓는 것 같았다.

 여기는 둥근 것이 거의 없다. 공룡의 뼈를 연상시키는 각진 아치형의 구조물도 그렇고 주차장에 깔린 돌도 뼈를 상징하듯 뾰족한 모양의 것들로 깔렸다. 눈을 크게 뜨고 입을 벌린 공룡들은 이곳을 찾는 아이들에게 친하게 지내자고 말하는 것 같다. 주변의 나무들도 공룡이 좋은 듯 꽃들을 씩씩하게 피워 올린다.

 공룡조형물과 공룡 로봇은 크기가 어마어마하다. 공룡들 사진 앞에는 들어가거나 만지면 공룡이 아프다는 문구를 써 놓았다. 아이들은 그 내용을 보고 과연 만지고 싶은 충동을 누그러뜨릴 수 있을지 궁금하다.

 호기심 천국인 아이들은 저녁이 되었는데도 공룡과 노는 것을 즐긴다. 지나가던 아빠가 아이에게 이 공룡 이름이 무엇인지를 묻는다. 아이의 대답이 청산유수다. 그렇게 어려운 이름을 줄줄이 말한다는 게 신기할 정도였다. 그것은 이곳에서 공룡을 자주 만나고 관심을 가진 이유가 될 것이다. 이 공원은 공룡학습장이 되기도 하고 체험하는 공간이 되기도 하기에 부모와 아이들을 더욱 만족시킨다.

원동력은 마로니에
– 백양공원

흰 돌에 새긴 이름 백양의 흰 백인가
검은 때 몇 줄 생겨 그 이름 무색할라
세월의 굵은 흐름을 전해 주고 싶었나

몇 번의 솔질이면 지울 수 있지만은
흠이라 생각 않고 역사로 생각한다
훤칠한 마로니에도 그렇다고 끄덕끄덕

 흰 돌에 공원 이름이 까맣게 새겨져 있다. 백양의 백이 흰백이어서인지 검은 돌이 아니고 흰 돌이다. 백양공원은 산림청 녹색사업단의 복권기금(녹색자금) 지원으로 정비되었음을 알리고 있다. 돌에 검은 이물질들이 생겨 있다. 몇 번만 솔질을 하면 없어질 것 같지만 거슬리는 사람들이 없는 듯 그대로 두었다. 새마을부녀회에서 쾌적하고 아름답게 가꾸기 위해 노력한다니 곧 깨끗해질 것이라는 기대가 된다.

비가 부슬부슬 내리는 날 인근 백양초등학교 학생들이 공원에서 놀고 있다. 파라곤도 옆에 있으니 이런 비쯤은 괜찮을 것 같긴 하다. 여기서도 디딤돌 사이에 풀들이 고개를 내밀고 있다. 그것의 양쪽에는 바닥 타일이 깔려 있다. 디딤돌 몇 개를 밟고 가면 마로니에가 있다. 마로니에 나무마다 벤치가 놓여 있다. 거기에 앉  은 사람들이 마로니에와 대화를 나누라는 취지로 여겨진다. 한 나무마다 벤치 하나 미처 생각해 보지 못한 배치이다.

어떤 기분일지를 느껴보기 위해 벤치에 앉아 마로니에를 바라본다. 서울 혜화동 대학로와 이화동 사이에 위치한 마로니에공원을 만나면 어떤 기분일지도 잠시 상상해 본다. 무슨 말이라도 해보라고 멍석을 깔아 주었는데 겨우 나에게서 나온 말은 '여기서 너를 만나 반갑다' 였다.

나의 감정 전달이 많이 부족했음을 느끼며 마로니에 왼쪽으로 눈길을 돌렸다. 성안동 부녀회에서 심어놓은 아기자기한 꽃밭임을 팻말이 말해주고 있었다. 얼마 전에 심어놓아 아직 여리다. 키 큰 마로니에 옆에 한 뼘 정도의 식물을 보니 모두 제각각 타고난 게 다름을 생각하게 된다. 꽃들이 빗방울을 머금고 재채기를 하는 듯 흔들린다. 비슷한 간격으로 심어진 꽃들이 모두 잘 자라 지나가는 사람들에게 기쁨을 줄 것 같다.

여기에서 또 처음 보는 나무가 있다. 바로 칠엽수다. 잎이 일곱 개로 갈라져 있어 붙여진 이름이다. 칠엽수 옆에는 단풍나무가 쑥쑥 자란다. 잎들이 빈틈없이 서로 등을 맞대고 포개져 있다. 잎이 가벼우니 다른 잎들에게 큰 지장을 주지는 않을 것이다. 바람이 불 때마다 아래에 있던 잎들이 한 번씩 고개를 내밀고 세상을 볼 기회가 생기니까.

운동기구와 파라곤이 있는 곳 앞으로 쫙 깔린 타일이 돋보인다. 넓은 터에 붉은 색과 검은 톤의 색 타일이 섞여 있다. 얼핏 보면 바닥이 꽃보다 화려하다. 비를 머금어서인지 타일색이 더 살아난다. 시원스럽게 형성된 공간에서 마음이 넉넉해진다. 약간의 비는 문제가 되지

않는 듯, 한 남성이 운동을 하고 있다. 파라곤에서 몇 명의 아이들이 뭔가를 열심히 보고 있다. 공원의 얼굴은 이런 것이라고 생각한다. 비가 온다고 해서 방해를 받는 곳이 아님을.

  길쭉한 마로니에 잎이 빗물을 바로 떨어뜨린다. 빗방울들이 미끄럼을 타듯 쭈르륵 흘러내린다. 여기에서 귀하게 만난 마로니에는 그냥 지나치려고 했던 백양공원에 관심을 갖게 했고 공원에 대한 이야기를 쓰게 하는 원동력이 되었다.

  벤치의 빗물을 휴지로 닦은 후 다시 앉아 마로니에를 바라본다. 천주교 신자들이 신부님 앞에서 고해성사를 하는 것처럼 나 또한 이곳을 지나치려고 했던 점을 고하며 용서를 구한다.

원형모래구장
– 평동공원

인심이 후하다고 후박나무 되었을까
그 옛날 호박 대신 엿 만드는 재료였지
열매가 많이 열릴 땐 푸짐했던 후박엿

이름표 달고 서서 시선을 끌고 있다
추억이 생각나는 그 나무를 만져본다
속살이 푹 파인 채로 의젓하게 잎 달았다

갯바람 싱싱했던 울릉도 등지고서
평동에 자리 잡은 두 그루 형제나무
이곳이 제일이라고 뿌리 근육 다진다

이번에 찾은 이곳은 고종 이래 평동이라 불리었던 곳이다. 평동의 본 마을은 맨 서단의 골짜기에 자리 잡은 마을로 편안한 마을이라는

뜻을 지녔을 것이라는 설명글이 있다. 그리고 근처에서 공룡발자국 화석이 발견됐다는 유래도 덧붙여져 있다.

집을 나설 때는 비가 오지 않았는데 도착하고 나니 비가 내린다. 공원 초입에 배롱나무들이 우듬지에 싹을 틔우기 바쁘다. 불과 며칠 전만 해도 볼 수 없었던 새순이다. 공원을 아끼는 마음으로 금연 구역임을 표시해 두었다. 공원 뒤쪽으로는 아파트가 밀집해 있고 앞쪽으로는 낮은 단독주택과 상가들로 이루어져 있다. 어느 집 베란다를 통해 "야호!"라고 외치는 아이의 목소리가 맑고 밝게 들린다.

조합놀이대에는 뱅크라는 단어와 동전이 그려져 있다. 어떤 의미인지는 모르겠으나 아이들을 위한 뜻이 담겼을 것이다. 후박나무·단풍나무·팽나무 등이 공원 가장자리에 빙 둘러져 있다. 여러 명이 앉을 수 있는 반원형의 의자가 세 군데에 배치되어 있다. 여름에는 나무들이 그늘을 만들어 줄 것 같아 벌써 시원하게 느껴진다. 어른과 아이들이 함께 놀 수 있는 공간들이 어우

러져 있어 보기 좋았다.

맨발을 이용하여 지압을 할 수 있게 자갈들이 공원 길 사이에 깔려 있다. 이어 나무도 몇 개 놓여 있고 대리석도 섞여 있다. 그 옆에는 원형모래구장이 있다. 요즘 어린이공원에서는 보기 힘든 부분을 잘 살려 놓았다. 모래를 밟으며 놀았던 흔적이 보인다. 아이들이 모래로 소꿉놀이도 하고 장난도 치면서 재미있는 시간을 보낼 수 있을 것 같다. 원형모래구장은 지압 길 옆에도 있었고 운동기구가 있는 앞에도 있었다. 아이들이 노는 것을 보면서 어른들이 운동기구를 이용하도록 위치가 적당했다.

옛날에 호박 대신 후박나무 열매로 엿을 만들었다고 하는 이야기들이 있다. 그 후박나무가 여기에도 있는데 줄기의 속살이 푹 파인 채 푸른 잎을 달고 있다. 나무 이름이 달려있어 아이들이 무슨 나무인지 쉽게 알 것 같다. 동화책을 즐겨 읽은 아이들은 "후박나무야, 너 몸

안 아프니?"라는 걱정 어린 말을 해 줄 것 같다.

여기에도 소나무 줄기가 한 번 꺾였다 휘어진 채로 몸을 키운 게 있다. 줄기가 한 번 부러진 후 다시 생명을 이어간 것처럼 보인다. 나무에서 나온 송진이 줄기를 이어 붙이지 않았을까 싶다. 이곳을 지나던 사람들이 소나무에 앉고 싶은 마음이 생기
도록 의자처럼 휘어져 있지만 앉으면 소나무가 힘들 것 같다.

파고라가 조합놀이대 옆에 안정적으로 설치돼 있다. 어쩌다 보면 관리가 소홀할 수도 있는 부분인데 깨끗하게 보인다. 여기에서 특이한 것은 향나무이다. 마치 바람을 타고 몸이 날리는 것처럼 한 방향으로 가지를 뻗었다. 세 나무 모두 가지들이 바람에 휘날리는 모습을 하고 있어 신기했다. 머리에 스프레이를 뿌려 한 방향으로 고정한 것 같은 모습이다.

공원은 길쭉한 형태이지만 여기를 찾는 사람들은 둥그렇게 모여 앉아 무언가를 속삭일 것 같은 기분이다. 아이들만 놀 수 있는 공간이 아니었다. 어른들도 재미있게 즐길 수 있도록 환경이 조성돼 있어 무척 정감이 갔다. 방문객은 이곳에서 마을 이름처럼 편안한 시간을 보낼 수 있을 것이다. 영산홍이 분홍색과 흰색을 평화롭게 피워 올리는 것처럼. 후박나무가 후덕한 마음을 지닌 것처럼.

육지 속의 바다
– 우정공원

소들이 머무는 곳 우정이 두터운 곳
정 담은 공원 되어 주야로 함께 호흡
사람들 좋은 기 모여 파라곤이 활기롭다

여름이 다가오면 도심 속 물놀이장
육지를 바다처럼 부릴 수 있는 안목
해적선 등장했지만 인생 항해 순탄하다

 주차장에 차를 주차하고 깔린 야자매트 길을 몇 걸음 오르니 우정공원이다. 눈을 의심할 정도의 풍경이 한눈에 들어온다. 이곳은 육지이지만 이 공원이 추구하는 것은 바다였다. 들어서는 순간 동심이 애드벌룬처럼 부풀어 올랐다.
 해적선 한 척이 놓여 있다. 그 배에는 미끄럼틀 시설이 되어 있다. 돛대에는 해골 깃발이 달려 있고 돛대를 이용해 통에 오른 선장은 망

원경으로 먼 바다를 보고 있다. 배에서 굵은 그물로 연결된 곳에는 또 다른 미끄럼틀이 있고 상단에는 큰 통이 입을 벌리고 있다. 저 통에서 시원한 물이 쏟아지고 그 아래에서 아이들이 물놀이를 신나게 할 것 같다.

바닥은 바다색으로 단장하여 더욱 바다 느낌이 난다. 무채색의 해적선과 큰 통이 달린 알록달록한 미끄럼틀이 서로 쌍을 이루고 있어 단짝 친구처럼 보인다. 그 옆에도 작은 물통이 넷 달린 구조물이 서 있다. 그 아래에서 해맑게 웃을 아이들의 모습이 또다시 그려진다.

해변을 연상하는 곳에는 빨간색의 대형 파라솔이 군데군데 놓여 있다. 주변 한쪽 벽면에는 물속의 풍경을 산뜻한 벽화로 그려냈다. 바다와 육지를 조합한 구조가 마음에 든다. 주변에는 넓은 데크가 놓여 있고 벽돌로 만든 계단이 몇 줄로 층을 이루고 있다. 사람들이 오르내리는 길도 되고 앉아서 쉴 수 있는 공간도 될 것 같다.

이 계단 앞에는 지붕이 둥근 파라곤이 있다. 아래에는 팔각형의 테

이불이 있고 가정에서 가져온 듯한 의자들도 빈틈없이 테이블 주변에 놓여 있다. 벤치에는 돗자리를 깔아놓았다. 나무의 부식을 막기 위한 주민들의 손길로 여겨진다. 파라곤 밑에는 동그란 시계까지 달려 있다. 세심한 손길이 미친 부분이다. 이곳이 인근 주민들의 사랑방이 되지 않을까 싶다.

우정공원 물놀이장 안내판에는 이용안내에 대한 내용과 준수사항이 적혀 있다. 다목적용 CCTV가 작동 중임을 나타내는 구조물에 비상벨 버튼도 달려 있다. 이곳이 금연구역임을 나타내는 팻말도 보인다. 안전을 대비한 내용들이 보기만 해도 반갑다. 공원과 인도의 경계를 나타내는 울타리에는 "만일 어린아이가 초기의 느낌대로만 자라나 준다면 이 세상은 천재로 꽉 차게 될 것이다."라는 괴테의 글이 인용돼 있다.

다른 어린이공원에는 거의 볼 수 없는 화장실이 갖춰져 있다. 물놀이 후 씻고 옷도 갈아입을 수 있는 공간과 연계된 것 같다. 모든 것이 잘 관리된다는 기분이 든다. 저녁을 먹은 후 인근 주민들이 다과를 함께 나눌 모습이 따듯이 그려진다. 언젠가 이곳이 생각나는 밤에 다시 한번 와 보고 싶다.

다른 공원에 비해 꽃과 나무는 별로 없지만 소중한 물놀이장이 있어 특징 있고 독특한 공원으로 손색이 없다. 아이들이 바다로 가기 힘들 때 이곳이 아주 유용할 것이다. 여름에 바다를 가지 않아도 바다 느낌을 주는 이곳에서 아이들의 웃음소리가 곧 시작될 것이다.

우정동의 우정牛亭과 동음이의어로 우정 길에 위치한 이 공원에서 우정友情을 두터이 나눌 이웃이 그려진다. 훈훈함이 벌써 물결쳐 온다.

이곳을 잊지 마세요
– 학성공원

바위가 굴러굴러 목숨 뺏고 멈춰섰다
왜군의 침범으로 빼앗긴 우리네 땅
꼭대기 깃대 꽂은 후 의기양양 교전술

피해라 부르짖는 아군의 호령에도
대책이 없던 위치 목숨들이 동강났다
싸워라 이겨야 한다 한목소리 한마음

벚나무 텅 빈 속살 그날의 참상일까
의로운 영혼들이 꽃잎을 터뜨린다
우리 땅 정기 담겨서 내년에도 꿋꿋이

어제는 맑음이었는데 오늘은 내 마음처럼 흐린 날이다. 햇살이 없으니 얼굴 보호를 위한 채비는 생략했다. 이번에 찾은 학성공원은 단

순히 공원의 개념만 있는 게 아니었다. 전쟁의 상흔이 기록으로 남아 있어 편하게 만날 수 없는 역사의 현장 그 자체였다. 안타까운 주검들이 곳곳에 묻혀 있을지도 모른다는 생각으로 발걸음이 더욱 무거웠다.

참혹했던 정유재란을 떠올리며 정문 쪽으로 향했다. 공원 초입에는 아픈 과거를 말해주는 도산성전투도(울산성전투도)가 1597년 12월 23일부터 1598년 1월 4일까지 설명글과 함께 부조되어 있었다. 4월 15일에는 충의사 춘향제를 (사)울산임란의사숭모회에서 개최한다는 현수막도 걸려 있었다. 입구 오른쪽에는 말을 탄 두 장군이 금방이라도 왜적을 물리칠 것 같은 기세로 용감하게 서 있었다.

울산 최초의 도심 공원인 학성공원은 구한말 울산 출신의 선각자 추전 김홍조 선생이 조성을 했다. 그는 이곳을 공원으로 꾸며서 울산군에 기증할 목적으로 1913년 주변의 땅을 사들여 각종 나무와 꽃을 정성껏 심고 가꾸었다. 그러나 1922년 세상을 떠나는 바람에 1927년

그의 아들 김택천에 의해 울산군에 기증이 되었다. 공원이 정식으로 개원한 것은 1928년 4월 15일, 당시 공원 이름은 울산공원이었다.

이 성은 정유재란 때인 1597년 11월 초순부터 12월 하순 경까지 왜군 2만 3천여 명이 동원되어 울산읍성과 병영성의 돌을 헐어다가 일본식으로 급하게 쌓은 것이다. 주곽부는 해발 50미터인 산꼭대기에 본환을 두고 본환 북쪽 아래 해발 35미터 지점에 이지환을 배치했고 그 아래 서북쪽 해발 25미터 지점에 삼지환을 두었다. 세 성벽의 길이를 모두 합하면 1400미터이고 성벽 높이는 10~15미터라고 설명되어 있다. 주곽부의 남쪽에는 군수물자와 병력 수송을 위해 항시 배를 댈 수 있는 선착장이 있었다고 한다. 울산 왜성은 1935년에 사적 제22호로 지정되었으나 일본군이 쌓은 왜성이라는 점에서 국가사적에서 해체되어 1997년 울산광역시 문화재자료 제7호로 지정되었다.

그 당시 성 안에는 약 1만 6천여 명의 왜군이 있었지만 성 밖에서 식수 공급원을 차단하자 결국 갇히는 신세가 되었다. 말의 피와 오줌을 마시며 겨우겨우 버텼지만 연일 계속된 전투와 추위로 많은 사상자가 발

생했다. 당시의 전투 상황을 그린 도산성전투도는 울산성에 갇힌 왜군을 구원하기 위해 김해 죽도왜성에서 달려온 사가현 번주 나베시마 나오시게가 휘하의 화공에게 그림을 그리게 했다고 한다.

공원출입구에서 삼지환三之丸 쪽의 이정표를 따라 걷다 보니 몇몇의 사람들이 보였다. 아픈 역사의 현장이어서인지 그들의

표정이 그리 밝지 않았다. 벚꽃들이 반기고 있었지만 감탄하는 목소리는 없고 거의 침묵 상태였다. 육중한 소나무 벚나무 등이 훈련 잘된 장수처럼 늠름하게 서 있어, 이 공원이 앞으로 계속 무탈할 것이라는 생각이 들었다.

곳곳에 꽃을 달고 있거나 꽃송이를 떨어뜨린 동백나무들이 보인다. 빨간 웃음을 보이다가 피눈물을 뚝뚝 흘리는 표정을 짓는 것 같아 갑자기 마음이 울컥했다. 올라오는 감정을 진정시키며 오랫동안 묵묵히 한자리를 지켜온 나무들에게 시선을 돌렸다. 왜성이었던 이곳에 오르면 누구나 자동적으로 숙연해지는 DNA가 작동하는 것 같다.

삼지환에는 왜성의 모형도가 설치돼 있다. 바로 옆에는 서덕출의

'봄편지' 노래비가 있고 울산광역시민헌장 그리고 대한광복회총사령관 박상진 의사의 추모비가 있다. 장소가 장소이니 만큼 주변 관리가 잘되고 있었다. 촘촘하게 파쇄석이 깔려 있어 풀들이 없었고, 건강에 신경 쓰라는 운동기구와 이곳에서 승부를 겨뤄보라는 바둑판 테이블 두 개가 놓여 있었다. 이곳을 잊지 말고 자주 들리라는 무언의 손짓인 것 같았다. 편한 마음으로 오갈 수 없는 곳이지만 많은 사람들이 찾아와 우리의 의인들을 자주 만났으면 하는 마음이다.

이지환으로 향하는 곳에는 고향의 꽃 울산 동백꽃 이야기가 적혀 있다. "사람들은 빨간 동백꽃은 두 번 핀다고들 하지, 나무 위에서 한 번 땅 위에서 한 번 하지만 나는 겹겹이 쌓인 여덟 개의 꽃잎이 한 장 한 장 떨어져 꽃잎이 한 장씩 흩날리며 다시 피어날 봄을 기약해 본단다." 붉디붉은 동백꽃이 더 많은 이지환은 삼지환과 본환을 연결하는 역할을 하고 있다.

본환은 울산 왜성의 주곽부를 구성하는 세 개의 소곽 중 가장 핵심적인 공간이다. 기록에 의하면 축성 당시에는 둘레가 763미터에 달했으며 모두 석축 성벽으로 쌓고 상부에는 담장을 설치하였다고 한다. 출입구는 동쪽과 북쪽 두 곳에 두었다. 또한 내부에는 전투용 누각 여섯 개와 거주용 막사 건물 두 동을 건립하였다. 하지만 유사시 전투지휘소로 사용되는 천수각은 건립하지 않았다고 한다.

이곳에도 바둑판 하나가 놓여 있다. 삼지환에서 시간을 보내고 그냥 가지 말고 꼭대기에 있는 본환까지 올라오라는 의도가 숨어있는 것 같다. 이곳에는 생각지도 않은 작은 연못이 하나 있어 나름대로 의미 부여가 되었다.

선인들의 충절이 살아 숨 쉬는 이곳을 둘러보는 동안 물망초의 꽃말인 '나를 잊지 마세요'가 계속 나를 따라왔다. '나를'이라는 말 대신 '이곳을'이라는 말로 바꾸어 시간이 될 때마다 찾고 싶다. 울산 의병들도 힘을 모아 지킨 우리 땅.

이끼의 최적지
– 숯못공원

언덕진 곳에 사는 이끼들 매일 만족
시들 새 없는 조건 이곳을 두고 한 말
가뭄이 어슬렁대도 까딱없는 최적지

이끼들 눈치 보며 풀씨들 기회본다
저만치 떨어져서 빈틈을 노리지만
포기가 정답인 것을 뒤늦게야 알았다

모든게 생리 조건 맞아야 한다는 말
여기서 또 알게 돼 고개가 숙여진다
이끼가 대세라는 말 이곳 환경 때문이지

 이름을 참 잘 지었다는 생각을 하게 되는 곳이다. 못이라는 말은 연못을 떠올리게 되므로 물과 연관을 짓게 된다. 여기에 이끼가 파릇하게 많이 자라 있는 것을 보면 물기가 많은 곳, 즉 못이 있었던 곳이라는 것을 짐작하게 한다.

입구는 세 군데이며 사면이 주택이다. 기역자로 된 언덕에 이끼가 유달리 많다. 언덕은 지대가 높을 뿐 아니라 물도 잘 배출되는 장점이 있는데 그쪽에 더 많이 생기는 이유는 모르겠다. 인도에도 이끼가 서식하고 있다. 오후에 이곳에 오면 하교한 학생들과 유치원에서 돌아온 아이들을 데리고 나온 부모들을 볼 수 있다. 내가 찾은 날도 그런 발걸음을 만날 수 있었다.

여기는 대형 모래밭에 놀이기구가 모두 배치되어 있다. 다른 데 비해 제일 크다. 사람들은 모래밭에서 시간 보내는 것을 즐긴다. 아이와 소꿉놀이도 맘껏 할 수 있어 모래가 이 공원의 주된 보물로 여겨진다. 아이들 노는 것을 지켜보기 위해 고개를 숙인 소나무의 모습이 정겹다. 몸이 유연해진 소나무는 이쪽저쪽을 놓치지 않고 기웃댈 것 같다. 어쩌면 아이들의 놀이터가 돼주고 싶어 등을 구부리고 있는지도

모른다. 이곳의 청단풍은 얼마나 많은 가지와 잎을 펼치고 있던지 제일 건강하고 활기찬 나무처럼 보인다. 비가 온다면 그 아래로 들어가 피하고 싶은 마음을 마구 갖게 한다.

여기도 마찬가지로 사람들이 낸 길이 두서너 군데 보인다. 많이 밟고 다닌 곳에는 풀도 없어 금방 표가 난다. 모두 더 빠른 길을 통해 공원을 들어서고 싶기도 하고, 나무 가까이 다가서고 싶은 마음도 작용했을 것이다. 한 사람이 지나갈 수 있는 작은 오솔길을 나도 밟으며 천천히 통과해 보았다. 크게 난 길을 밟을 때보다 훨씬 소담스러운 맛이 느껴졌다.

파라곤은 두 개가 보이지만 관리가 잘 안 된 것 같다. 신발을 벗고 올라가라는 경고문구가 없어서인지 아니면 습한 곳이어서인지 이물질이 많이 보인다. 앉는 자리가 거무튀튀하고 색도 얼룩덜룩하다. 바닥 타일은 없는 곳도 있고, 있는 곳은 깊게 들어가 파인 채로 있기도 하다. 가뭄이 와도 쉽게 말라 죽고 그러지는 않을 땅에서 나무들은 자기만의 생존능력을 발휘하고 있다. 습한 곳에 뿌리를 내린다고 모두 최적은 아닐 것이라는 생각도 해본다.

얌전한 색을 한 벤치 옆으로 하얀색의 운동기구가 보인다. 이끼도 만져보고 곳곳의 사진도 찍는다. 철봉 옆에는 공원등이 고개를 숙이고 있지만 안에 있는 전구는 불빛을 밝힐 수 없다. 일부러 뺀 건지는 모르겠다. 모든 사물에는 원리 원칙이 적용 안 되는 경우들이 있다. 철봉을 하는 사람 바로 옆 공원등에 불이 켜져 있다면 그곳으로 날벌레들이 모여들어 운동에 방해가 되니까, 공원등 자체를 철거하기보다 불빛을 없애는 게 더 필요했을 것이다. 관리자의 관리 소홀로 여기지 않고 그런 의미로 생각을 정리하니 내가 아주 똑똑한 사람으로 여겨진다.

운동기구가 있는 주변으로 흙들이 모여 있는 곳이 있다. 자라던 나무가 뽑힌 것인지는 알 수 없지만 흙으로 구멍을 메운 것은 확실해 보인다. 생명은 영원할 수 없으니 있었던 것이 없어지는 것은 당연한 일이다. 다만 그 구덩이에 어떤 나무가 심어져 있었을지가 궁금했다. 나는 지금 여기 있지만 곧 이곳을 떠나야 한다. 붙박여 산다고 해서 항상 그 자리를 고수할 수는 없는 일이다. 누군가의 손길에 의해 자연의 영향력에 의해 모든 운명이 좌지우지 되는 것이다.

이끼가 있는 곳에는 풀들이 거의 없다. 틈틈이 뿌리를 내려도 될 공간들인데 왜 비어 있는지 의문이 생긴다. 이끼의 강한 힘 때문인지 음지가 싫은 탓인지 식물들의 마음을 헤아리기 어렵지만 이끼들의 영역인 것만은 확실한 것으로 보인다. 하지만 음지 식물들을 일부러 심어 놓는다면 이끼의 저항력은 어떻게 될지 궁금하다. 이끼 옆에 잡초들이 범접 못 하는 것을 보면 이끼의 숨은 힘은 대단하다는 결론이 내려진다.

이동하지 않는 새들
– 송림공원

목적지 아니었지 우연히 오게 됐지
주변에 인적 없어 외로울 것만 같아
위로 차 들린 곳에서 붉은 잎을 탐닉했다

꽃들이 없는 공원 허전할 새도 없이
빈틈을 메워주는 홍가시 나뭇잎들
자신의 본분을 알고 빼곡히도 피워냈다

둥글게 틀을 잡고 둥그런 두 꽃다발
여러 잎 힘을 모아 걸작을 완성하고
길손들 마음 뺏기에 주저함이 없었다

복산동에 위치한 소공원이다. 주변에 민가가 많지 않은 곳에 1호 소공원인 송림공원이 위치하고 있다. 여기는 새라공원을 찾아가던

중에 우연히 만나게 되었다. 이곳은 입구가 네 군데이다. 입구의 모양은 모두 똑같은 형태이다. 그렇다고 동서남북 길은 아니다. 좌우에 각각 두 개씩 입구를 만들어 두었다. 갓 생긴 공원 느낌이 난다. 나무들이 울창하지 않아 공원이 단조롭고 생기도 약간 없어 보인다.

벤치가 한 방향에 여러 개 놓여 있고 가운데 화단에는 몇 그루의 나무들이 서 있다. 물론 초대하지 않은 풀들도 나무 주변에서 자라고 있다. 홍가시나무는 어디를 가나 눈에 띈다. 몇 그루는 없지만 현재 꽃이 핀 식물이 없는 이곳에서는 꽃처럼 붉은 잎을 피운 홍가시나무가 단연 돋보인다. 인도에서 약간의 언덕을 만든 화단에는 소나무 몇 그루 은행나무 몇 그루가 있다. 새로 조성된 느낌을 바로 받을 수 있다.

운동기구는 화단을 사이에 두고 양쪽으로 놓여 있다. 마침 한 사람이 운동을 하고 있다. 조금 있으니 강아지를 데리고 나온 사람도 운동을 한다. 공원이 인도의 높이와 별반 차이가 없어 개방감이 크다. 저쪽에서 이쪽으로 고개만 돌리면 공원 안이 훤히 보인다. 공원은 사람들을 불러들여 함께 시간을 보내야 하는 곳이다. 주변에 주택이 밀집돼 있지는 않지만 누구든지 이곳을 찾게 돼 있다. 그게 공원의 매력이다.

안내도에는 허리돌리기·역기내리기·윗몸일으키기·공중걷기·등허리지압기·등의자로 표기되어 있다. 안내도의 녹색 바탕에 그린 길은 곡선의 느낌이 강해 마치 운동하는 사람 모습 같다. 이곳 주민들이 운동을 통해 유연한 몸과 마음을 가졌으면 하는 바람을 담은 것 같다. 나도 허리돌리기를 시도해 보았다. 가까이서 또는 멀리서 운동하는 나의 모습을 누군가 본들 웃음거리가 되지 않는 곳이 바로 공원이다. 이곳에서는 서툴게 또는 능숙하게 자기의 시간을 남에게 구애받지 않고 편하게 즐기면 된다.

잎도 무성하지 않은 소나무에 새들이 놀고 있다. 둥지가 있는지를 보니까 그것은 보이지 않는다. 내가 보기에는 멋없는 나무처럼 보였지만 새들에겐 마음을 뺏는 나무가 된 것 같다. 공원에 도착했을 때부터 이곳을 떠날 때까지 계속 한자리에 있어 그 새들이 신기했다. 높은 곳에

있어서인지 사진을 찍어도 포착이 잘되지 않는다.

  디딤돌 사이에는 어김없이 풀들이 자라고 있다. 빈 땅만 보이면 종족 번식을 하려는 풀들의 노력이 가히 놀랍다. 시원스럽게 난 길을 밟으며 풀들을 내려다본다. 빽빽이 박힌 디딤돌 사이로 난 풀이 밉지 않다. 무생물에 생명을 입힌다는 기분을 갖게 되는 이유다. 생명은 무엇이든 소중하다. 그런 생각을 하며 늘씬하게 뻗은 은행나무 가까이로 갔다. 누군가 가지에 줄을 매달아 놓았다. 그 줄로 체력 단련을 많이 해서인지 낡기도 했고 닳기도 했다. 얼마나 당기고 또 당겼으면 저렇게 되었을까 나무가 견뎌낸 시간들이 아프게 직시됐다.

  여기에 있는 나무들이 덩치를 키우고 굵은 뿌리를 내리면 곧 한 아름도 넘는 우람한 나무가 될 것이다. 지금은 그런 나무들이 한 그루도 보이지 않는다. 역사가 깊어지면 식물들도 그만큼 몸집을 키울 것이다. 몇 년 후 다시 와보고 싶은 곳으로 눈도장을 찍는다. 그땐 홍가시나무가 더 많이 자라 있을 것이다.

위로가 된 곰 조형물
– 부평공원

이곳에 애완견의 출입을 금합니다
어른은 뾰족구두 신고는 안 됩니다
유리나 위험한 물건 들고 와도 안 됩니다

여기에 오물들을 남기면 안 됩니다
아이들 노는 곳은 깨끗해야 하지요
어린이 건강을 위해 안전 수칙 지켜요

동백꽃 몇 송이가 줄기 옆 붙어 있다
가지도 빈약하여 무성함 없는 나무
공원을 지키느라고 노심초사 했나 보다

 부유하고 평정한 공원. 이 단어만 듣고 도착한 공원은 무척 쓸쓸했다. 어린이공원임을 나타내는 안내도에는 그네 조합놀이대 흔들놀이

파고라 평행봉 파도타기 노젓기운동이라고 적혀 있지만 동심을 부르기에는 부족해 보였다.

배롱나무의 줄기가 동물의 뼈대처럼 애처롭게 보이고 왕벚나무는 이름표를 달았지만 왠지 결핍이 있어 보인다. 미끄럼틀은 수리가 필요한 듯 묶어놓은 곳도 있다. 주변에는 풀들이 많이 자라나고 있다. 한눈에 정리가 안 된 방치된 공원처럼 보인다. 나뭇잎 의자에 앉아 주변을 둘러본다.

빨간 꽃을 단 동백나무는 가지가 별로 없고 줄기만 곧게 뻗었다. 단풍나무는 잎을 수북히 달고 여름을 기다리는 것 같다. 가지런히 단장된 쥐똥나무는 공원에서 유일하게 신경을 썼음을 보여준다.

어린이를 보호해야 함을 강조하는 놀이터 안전수칙에는 "유리나 금속 등의 위험한 물건의 반입을 금지한다, 애완동물의 출입을 삼간다. 침을 뱉거나 오물을 남기지 마라."는 내용이 있다. 그리고 "보호

자는 하이힐을 신고 들어가지 말라"는 금지 사항도 명시돼 있다. 파손이 되면 수리가 필요하기에 조심을 해 달라는 내용일 것이다. 하지만 애완견을 데리고 못 들어온다는 것은 너무 지나친 수칙인 것 같다.

공원 주변의 은행나무도 가지가 많이 없다. 부평하지 않다는 것을 보여주는 것 같은 모습이다. 기대를 많이 해서인지 실망이 되었다. 마음을 추스르고 벤치에 앉아 물 한 잔을 먹는데 그네 가운데에 곰 한 마리가 익살스럽게 그네 대를 잡고 있다. 아이들이 다칠까 봐 노심초사하는 눈동자가 인상적으로 다가온다. 부모가 아이들을 보살필 때 짓는 표정과 닮아 보였다. 앞뒤로 같은 모습의 곰 조각상은 들어오는 입구에서도 보이고 의자에 앉아서도 보인다. 약간 위로가 된다.

주변에는 단독주택이 그렇게 많지 않다. 인적도 없다. 혼자 벤치에 앉아 볕바라기를 하고 사진을 찍는다. 그네를 탈 때 안전을 바라는 가림대가 동서남북으로 설치돼 있어 아이들이 맘 놓고 그네를 탈 것으로 보인다. 곰 조형물에게 고마움을 전하며 공원을 나왔다.

이름이 바뀌었네
– 이예공원

세월이 담긴 나무 하늘과 지척이다
흙 잡는 작은 나무 뿌리 힘 기른다
작은 키 네 잎 클로버 땅 냄새를 맡는다

고인의 생가터에 유허비각 태어났다
공적이 뿌리 되어 사방으로 뻗고 있다
외교의 선두주자로 이름 떨친 그 인물

뛰어난 외교 실력 업적이 방대하다
조국을 위한 정신 잊힐 리 없을 테다
공원의 산조팝나무 발자취를 음미한다

난곡공원을 찾아갔는데 이예공원으로 돼 있다. 충숙공 학파 이예 선생 유허비각이 있는 곳이기에 이번에 개칭된 것 같다. 유허비각이

서 있는 이곳은 이예 선생의 탄생지다. 선생의 자취를 기리기 위해 후손들이 세웠다는 설명이 있다. 갑자기 공원을 대하는 마음이 달라지기 시작했다.

기존 공원에 새로움을 더한 흔적들이 보인다. 유허비각 옆에서 공원으로 진입하면 원형의 길이 타일로 조성돼 있고 원 안쪽에는 몇 그루의 식물들을 식재해 놓았다. 원형 길에서 안으로 진입하면 짧은 데크와 디딤돌이 놓여 있다. 금연 공원이라는 팻말을 보니 공원이 보호받는다는 기분이 들어 좋았다.

듬성듬성 서 있는 느티나무들의 몸집이 얼마나 큰지 세월의 흐름을 짐작하고도 남을 정도였다. 파라곤 옆에도 그늘이 돼 줄 느티나무가 듬직하게 서 있다. 일단 안으로 들어서면 둥근 광장이다. 주변으로는 나무들이 에워싸고 중앙에 아이들의 조합놀이대가 덩그러니 놓여 있다.

주변의 민가와 공원이 붙어 있지 않다. 그래서 사면이 공원의 낮은 담과 나무울타리로 형성돼 있다. 사면이 막힌 데 없이 개방감을 주는데 모서리 한 켠에 유허비각이 있어 그 부분만 공원과 맞닿았다고 보면 된다. 느티나무 은행나무 소나무 단풍나무 위주이지만 여기에서 가장 돋보이는 것은 단연 느티나무이다. 많은 세월을 함께 한 느티나무는 수피가 허물 벗기 하듯 벗겨져 있다.

조합놀이대와 운동기구는 운동장처럼 둥글게 형성된 가운데에 놓여 있다. 돌담으로 경계를 둔 곳에는 나무들만의 공간이다. 한 그루의 은행나무는 모든 가지가 잘린 채 몸통만 남아 있어 멀리서 보면 장승처럼 보인다. 여기는 네잎클로버가 많이 자란다. 아이들이 하루 종일 네 개의 잎을 찾느라고 시간 가는 줄 모를 것이다. 화단에는 고양이를 돌보는 작은 공간이 보인다. 이곳 사람들의 동물 사랑이 잠깐 느껴진다.

공원을 둘러보고 다시 유허비각으로 내려왔다. 비각 앞에는 파쇄석이 깔려 있지만 곳곳에 풀들이 올라와 있다. 선생을 기리는 내용을 읽고 경의를 표한 후 석재계단을 밟고 다시 공원을 눈으로 훑었다. 왠지 발길이 떨어지지 않는다. 아쉬움이 남아서인 것 같다. 공원에 새로움은 조금 입혔지만 선생과 관련된 내용들이 부족해 보인다. 하드웨어만 바꾸고 소프트웨어는 그대로 둔 기분이다. 안과 밖이 조화로운 모습으로 채워졌으면 하는 바람이다.

주변에 단독주택과 중구건강지원센터 건물이 있지만 바람이 사방에서 시원하게 통하니 공원으로 손색이 없어 보인다. 벚나무의 꽃대궁들이 공원길에 떨어져 누렇게 쌓여 있다. 생명을 다한 그것의 뒷모습이 안쓰럽지만 운치를 더해 주고 있다. 공원 담 사이에는 흰 철쭉이, 담 안쪽에는 산조팝나무가 하얗게 피어 있다. 이예 선생의 정신을 기리는 또 하나의 상징이 되고 있는 듯하다.

제5부

풍요로운 휴식

- 인공적인 느낌 강해
- 일품인 건강지압보도
- 큰 나무 그림자
- 장대한 구름발
- 적응만이 살 길
- 정답은 불필요
- 직선 길 곡선 길
- 처음부터 끝까지
- 발견의 미학
- 풍요로운 휴식

인공적인 느낌 강해
- 서원공원

입구에 고개를 든 뱀 조형물 의외이다
두 눈이 선명하여 망원경 느낌이다
녹색의 몸을 둥글게 세 번 정도 꼬았다

아이들 친근하게 그 원을 통과한다
실제로 뱀이라면 피하기 바쁠 텐데
움직임 멈춰 있는 뱀 꼬리까지 만진다

그 옆에 하트 모양 하얀 물체 무엇인가
뱀 뼈는 아닐 텐데 이상하게 연관된다
공룡뼈 흉내 낸 것은 아닐 테지 절대로

두 눈을 망원경처럼 뜨고 있는 녹색의 뱀 조형물이 진입광장에 친근하게 서 있다. 뱀 머리를 곧추세우고 세 개의 원을 그리고 마지막

부분의 꼬리가 위로 올라가 있다. 그 옆에는 알 수 없는 흰색의 조형물이 서 있다. 무엇을 나타내는지가 궁금했지만 여운만 남기고 다른 데로 시선을 옮겼다.

여기는 공원이라고 하기에는 인공의 냄새가 진하다. 길들이 모두 타일 구조이다. 둥근 화단들이 보인다. 백철쭉 영산홍 회양목 왕벚나무 스트로브잣나무 소나무 등이 식재되어 있다. 최근에 대단지 아파트가 생기면서 조성된 공원인데 정감이 별로 가지 않는다. 공원 안에 있는 길들이 너무 인공적이라는 느낌 때문일 것이다.

'어디를 보아야 자연적인 기분이 들까' 하면서 주위를 두리번거렸다. 바로 눈에 들어오는 것이 없었다. 식물에게 말을 걸어 보고 신형인 파라곤에 앉아 보아도 마음은 자꾸 겉돌기만 했다. 동그란 화단의 주인공이 된 백철쭉과 영산홍 가까이 가서 사진을 다시 찍고 파라곤 바로 앞에 형성된 반달 모양의 데크를 몇 번 밟아 보기도 했다. 운동

기구가 놓인 곳에서 몸풀기도 해 보았다. 벤치에도 앉아 기분 전환을 해 보았지만 마음 둘 곳이 없었다.

 홍가시나무에 집중해서 사진을 찍다가 혼자 먹이를 찾아 나선 까치를 우연히 만났다. 사람도 혼자 다니면 외로워 보이듯 이 까치에게도 외로움이 느껴졌다. 크기도 작은 까치는 흙 속에 부지런히 부리를 넣었지만 허탕을 치는 것 같았다. 나에게 먹을 게 있었다면 던져주고 싶은 마음이었다. 배가 홀쭉한 까치를 뒤로 하고 공원 밖으로 나와 보았다. 인근 아파트를 들어가는 입구와 공원이 잇닿아 있는 쪽 길의 폭이 아주 넓었다. 차들이 통행해도 될 만큼의 넓은 인도였다.

 공원 내에도 인공의 길이 너무 조성되어 딱딱한 기분이었는데 여기를 보니 그 기분이 더 연장되었다. 나는 흙길을 좋아한다. 이곳은 너무나 포장이 많이 되어 있다. 공원에서만큼은 자연과 조화로운 그런 길을 원하는데 흙이라곤 화단과 주변에 식재된 나무 부근 밖에 없다.

5부 풍요로운 휴식 · 203

인공으로 형성된 길은 풀이 나지 않아 관리가 쉬울 것이다. 편안하게 관리하고 싶은 마음은 클 것이지만 자연과 어우러지는 그런 공원이 아닌 것이 조금 안타까웠다.

공원 안내도가 새로 생긴 공원임을 나타내듯 색상이 선명하다. 공원명 간판을 어루만지며 다시 인공의 느낌이 강한 공원을 바라본다. 잘 정비된 길을 만난 기분이다. 여러 곳의 사진을 찍었지만 마음은 자꾸 겉돈다. 하지만 아이들의 웃음소리가 들리니 인공적이든 자연적이든 그건 문제가 안 될 것 같다.

일품인 건강지압보도
– 다사랑공원

지압 길 시멘트 길 편안한 흙길 있어
선택은 각자의 몫 마음대로 밟으세요
나무들 수만큼이나 만족 지수 높아요

다 밟고 그냥 가면 뒤끝이 안 좋아요
지압 길 옆에 있는 수돗가로 돌아가서
디딤돌 발바닥 올려 마무리를 해봐요

나선형 의자에다 편안히 몸 기대요
세상을 다 가진 듯 행복감이 올라와요
이곳에 준비된 사랑 꺼내놓고 웃어봐요

아무래도 이상하다. 면적이 1600㎡라고 돼 있는데 와 보니까 분리된 세 곳의 면적을 합치면 꽤 큰 규모이다. 사회복지법인 '함께하는 사람들'과 '울산중구재가노인지원서비스센터' 건물 앞에 길게 생긴 공원이 있고 도로로 분리된 곳인 건물 옆에 다사랑공원이라는 표시가 된 안내도가 있다. 그리고 다사랑공원 옆 도로를 사이에 두고 또 한 공원이 있다. 각각 분리되어 있지만 한 공원으로 묶어 둘러보기로 했다.

먼저 건물 바로 앞에 있는 공원으로 들어섰다. 제일 먼저 눈에 띈 것은 '건강지압보도'이다. 다 걸은 후 발을 씻을 수 있는 수도시설도 있다. 어른들의 건강을 챙기고 있다는 것을 한눈에 보여주었다. 길게 난 지압보도를 다 밟으면 혈액순환이 아주 잘 될 것 같다. 지압보도가 끝나는 곳의 오른편에는 시멘트 길이 공원을 향해 길게 나 있다. 지압보도를 계속 이용해도 되고 옆에 길로 이동해도 된다.

옆에 시멘트 길은 나무들과 햇살을 만나서인지 노랗고 연두색으로 보인다. 가장자리 쪽에는 이끼도 자라고 있다. 이 길이 습하고 그늘이 많이 지는 곳이어서 이끼도 볼 수 있는 것 같다. 나무가 우거진 길을 걸으면 많은 힐링이 된다. 몇 번을 걸어도 싫증이 나지 않는 오묘

한 길이다.

　여기는 파라곤이 두 개 평상이 세 개 나무를 에워싼 나선형의 둥근 의자가 열 개이다. 나선형의 의자가 얼마나 멋스러운지 보는 것만으로도 저절로 기분이 좋아진다. 잣나무들이 곳곳에 있고 굴참나무 단풍나무 그리고 잘 자라준 나무들이 우람하게 서 있어 그저 고마운 마음뿐이다. 운동기구가 놓인 곳에는 갈색의 흔들 그네도 있고 푸른색의 벤치도 있다. 흔들 그네는 양쪽에 한 개씩 있어 주변 풍경과 잘 어울린다.

　이곳을 지나 안쪽으로 좀 들어가니 노란색을 한 벤치들이 있다. 녹색의 나무들과 노란 벤치가 대비되면서 더욱 아늑한 풍경이 된다. 이곳에서는 노란색의 위력이 많이 느껴진다. 시멘트 길은 지압 길보다 더 길다. 시작하는 곳에서 끝나는 지점까지 계속 이어져 있다. 지압 보도로 다시 갈 수도 있었지만 이끼도 보고 물을 들인 것 같은 이 길

을 다시 걸어도 보고 싶어 조금 전 출발했던 곳으로 향했다.

　서 있는 나무들이 나에게 이곳이 좋은지 묻는 것 같았다. 나는 대답 대신 고개를 끄덕이며 행복한 미소를 지었다. 이팝나무들은 마지막 꽃을 피우며 곳곳에 향기를 떨어뜨린다. 모두 도태되지 않고 키를 키우고 몸집을 키우니 많은 기운이 채워지는 기분이다. 노란 벤치에 앉아 비둘기들을 본다. 사람들을 봐도 놀라지 않으니 지나가던 사람이 집비둘기인지를 묻는다. 나는 잘 모르겠다는 말을 할 수밖에 없었다. 비둘기에 대한 공부를 한 적도 없지만 야생 비둘기들도 사람들을 두려워하지 않는 걸 많이 봐 왔기 때문이다.

　딱딱한 시멘트 길도 자연이 도와주니 아름답게 보인다. 인근 주택에서 사람들의 소리가 또렷이 들린다. 공원이 조용하면 그건 공원이 아니다. 사람들이 모여 사는 곳에 필요한 공간이기에 사람들 소리가 많이 들릴수록 더욱 진가를 발휘하게 된다. 시멘트 길을 다 걸은 후 다시 지압보도를 걷는다. 옆에 울타리를 쳐 놓은 곳에는 '위험 특고압 접근금지'라는 현수막이 걸려 있다. 불행히도 공원 안에 포함된 구조물인데 5미터 이내 접근금지라고 돼 있다. 아주 멀리서 봐도 마음이 타는 기분이다.

중국단풍나무를 만나고 다사랑공원이라는 안내도가 있는 곳으로 갔다. 아이들을 위한 놀이기구가 있고 가장자리에는 벤치와 파라곤이 하나 있다. 옆에는 화장실도 구비돼 있다. 이 공원 오른쪽에는 처음에 말한 것처럼 도로를 사이에 두고 공원이 있다. 따로 안내도는 없는 곳이다. 드문드문 벤치도 놓여 있다.

다사랑공원에서 덤으로 많은 것을 만난 기분이다. 도심 속의 공원에 더욱 애착이 가고 모든 것이 사랑스럽다. 발끝부터 건강이 살아나는 지압보도는 자연에서의 또 다른 건강 지킴이다.

큰 나무 그림자
– 장티공원

간밤에 아픈 나무 밤새워 돌본다고
한잠도 자지 못한 벚나무 비몽사몽
생명을 이어주려고 갖은 애를 썼지만

기력이 다한 나무 그 정성 외면하고
온기를 거부하고 호흡을 거두었다
만남 후 뒤따를 이별 모르는 바 아니지만

갑자기 떠났기에 애석하고 애석하다
빈 가지 볼 때마다 그 옛날 잊지 못해
이별의 눈물 한 방울 뿌리까지 적신다

무슨 의미를 두고 장티라고 했을까를 생각하다 보니 어느새 도착이다. 공원안내도 모형이 아주 재미있다. 들어오는 입구는 네 군데로 표시되어 있고 안은 둥글다만 두 개의 원이 서로 붙어 있다. 언뜻 보면 네 군데에서 땅을 차지하기 위해 서로 당기는 모습 같기도 하고 신체의 장기를 떠올리게도 한다.

입구마다 연분홍의 타일과 흰 타일이 섞여 있어 봄 느낌을 더한다. 안내도가 있는 입구에서 보면 어린이 놀이시설이 먼저 보인다. 여기는 모래가 깔려 있지 않고 푹신한 소재로 바닥 처리를 해놓았다. 새로 생긴 어린이 시설에는 옛 정서를 느낄 수 있는 것들이 거의 없다. 오른쪽으로 해서 한 바퀴를 도는 중에 고사한 작은 나무들이 보였다. 서로 군집해 있던 나무는 잎도 틔우지 못하고 생명을 다했다.

홍가시나무는 어디에서 만나든 활기차고 정열적이다. 고사한 나무 옆에 있어 그런 느낌이 더 강하다. 벤치 옆에 있는 그 죽은 나무가 일부러 그렇게 된 것처럼 진갈색의 벤치 색과 동색을 이루고 있다. 둥그렇게 만든 화단에는 주된 식물이 무엇인지 알 수가 없다. 야생초가 작

은 키로 그 공간을 모두 차지하고 있다. 앞으로 어떤 수목을 식재할지 그대로 둘지는 모를 일이지만 그래도 키 큰 나무 몇 그루 심어졌으면 하는 마음이다. 가장자리 쪽에만 키 큰 나무가 있어도 되겠지만 잡초로만 여겨지는 야생초만 있으면 관리를 안 한다는 기분을 가지게 될 것 같기 때문이다.

버드나무 아래에서 시원한 기운을 느끼며 걸음을 옮기던 중 특이하게 생긴 소나무를 만났다. 아래쪽보다 위쪽의 가지 수가 더 많고 잎도 더 풍성했다. 그래서 가분수 같은 느낌이 들었다. 각 입구에서 들어오면 좌우의 길로 나누어진다. 오른쪽으로 먼저 갈지 왼쪽으로 먼저 갈지 각자 선택하기 나름이다. 짙은 녹음 속에 자리한 홍가시나무는 푸름을 살짝 눌러주는 역할로 제격이었다.

잡초만 자리한 곳의 빈 화단을 채우는 검은 형체가 눈에 띈다. 큰 나무 그림자다. 그것은 둥근 화단 안에 길게 누워 있다. 빈 공간을 채우는 그림자가 또 하나의 그림이 되고 있어 잠깐 감상의 기회가 되었다. 나무 아래에 놓인 벤치는 볼 때마다 반갑다. 벤치 옆에는 으레, 나무가 있어야 비로소 풍경이 완성된다. 나무 없는 벤치는 생각하기도 싫고 벤치 없는 나무도 생각하기 싫은 게 공원의 생리일 것이다.

두 개의 파라곤에는 손님 한 명이 앉아 있다. 학생으로 보이는데 휴대폰 삼매경에 빠져 있는 듯하다. 나무들은 자신의 분신인 그림자를 곳곳에 앉힌다. 파라곤 앞에는 나무 그림자도 함께 한다. 나도 파라곤 앞쪽에 뒷그림자를 만들며 이곳을 나섰다.

장대한 구름발
– 구름공원

인내는 쓰다 하고 열매는 달다 하지
여기에 뿌리 내린 나무들 모두 해당
기역자 꺾은 몸 줄기 다시 수직 회복중

반달을 만든 몸통 세로 서기 성공이다
사계절 온 힘으로 우여곡절 겪어내니
꺾인 몸 안 쓰러지고 기사회생 이룬다

M자로 두 번 꺾는 고통은 잔인했지
이제는 견뎌낼 힘 바닥이다 외칠 때
안 된다 손사래 치며 뿌리들의 대화합

이름에서 오는 이미지가 있다. 구름공원이라는 말을 들었을 때 구름이 공원에 달려 있나. 아니면 구름이 유독 잘 보이는 곳인가. 그것

도 아니면 공원 지형이 구름을 닮은 건가…. 끝없는 상상이 계속되고 있었다.

도착한 곳에는 공원안내도가 없었지만 "공원등 관리번호 구름공원 10"이라는 것을 보고 공원임을 알 수 있었다. 공원 옆 족구장에서는 생각지도 않은 사람들이 한창 경기 중이었다. 공이 움직이는 소리와 사람들의 함성으로 인해 공원의 활기가 확 느껴졌다. 나무들이 무성한 이곳을 들어서자마자 식물의 향기가 후각을 즐겁게 했다. 맞은편 태화강에서 불어오는 바람도 한몫을 했다.

안으로 들어갈수록 밀림을 만나는 기분이었다. 몸통이 굵은 소나무들이 몸을 비비 꼰 채 꼿꼿하게 서 있었다. 마치 용틀임을 하는 모습 같았다. 은행나무 벚나무도 대단한 모습을 한 채 하늘로 곧 비상할 것만 같았다. 가로로 한 번 꺾인 소나무는 다시 수직의 몸을 세우고 몸피를 키우고 있었다. 쓰러지지 않고 다시 재기에 성공한 인생 역전을 보여주는 것 같았다. 그동안 수고 많았다고 쓰다듬고 싶었다. 혹 누군가가 의자처럼 생각하고 앉는다면 소나무는 큰 고통을 느끼며 잎사귀들을 떨 것이다.

큰 줄기로 반원을 그리고 다시 위로 뻗은 나무도 간간이 보인다. 곧게 자란 나무도 있지만 기형적인 몸으로 버티는 나무들이 더 많아 보인다. 모두 굴곡진 삶을 살아낸 사람처럼 사계절 내내 땅속에 뿌리를 내리기 위한 몸부림이 대단했다는 걸 말해주고 있었다. 이 공원의 지형은 특이했다. 가로 폭은 좁고 세로는 아주 길쭉한 모양이다. 이제 공원이 끝이겠지 하고 걷다 보면 계속 길은 이어지고 있었다. 산 고개를 몇 번이나 넘는다는 기분으로 곡선의 산책로를 걸었다. 어느 곳에서도 느낄 수 없는 즐거움이 느껴졌다.

더욱 놀라운 나무의 자태를 만났다. 나무들의 기사회생 장면들이 계속 이어졌다. 어디에서 이런 강한 힘과 끈기가 나오는지 알 수 없었다. 여기에는 인공물은 거의 없다. 공원 중간에 한두 개의 운동기구, 나무 사이에 놓인 평상 두 개, 간간이 놓인 벤치와 공원등 그리고 오래된 듯한 대리석 수도시설이다.

예상치 못한 집 한 채가 공원 안에 있었지만 어떤 사정이 있을 것이라는 생각을 했다. 나무들은 자기만의 생존법을 유지하며 이 공원의 일원으로 살아간다. 쓰러질 듯 하면서도 생명력을 이어가는 나무들을 보면서 세상사에 불평 불만 갖지 말고 하루하루를 잘 살아내야 한다는 다짐이 되었다.

대여섯 그루의 소나무들이 다양한 형태로 몸을 구부리고 좁은 산책길 쪽으로 기울어져 있다. 함께여서 더 잘 견디고 있는 듯 보였다. 검은 몸피를 가진 소나무는 사이사이 햇살을 끌어들이며 산책로에 그림자를 만들고 있었다. 소나무들끼리 그들만의 언어로 대화를 하는 것 같아 정다워보였다. 은행나무 단풍나무를 제외하고 수종을 알 수 없는 나무들도 있었다. 하지만 소나무 수를 따라오지는 못할 나무들이었다. 여기의 주인공은 단연 소나무였다.

　영어 엠(M)자를 그린 소나무도 있다. 몇 번의 꺾임을 거친 후 곧게 뻗어 나가고 있다. 나무의 고통이 짐작되고도 남는 상황이었다. '얼

마나 우여곡절이 많았을까. 얼마나 피눈물을 흘렸을까. 몇십 년의 세월을 견뎌낸 승리자의 모습은 바로 저런 자태일 것이다.'라는 감탄이 절로 되었다. 나는 참지 못하고 그 나무들을 쓰다듬었다. 다양한 나무 모습을 보면서 마음이 더욱 숙연해지고 있었다.

　어떤 나무는 땅에 삼십 도로 기운 후 다시 힘을 내 솔잎과 솔방울을 잔뜩 달고 있었다. 팔

씨름하다 도저히 역전이 불가능하다고 생각할 때쯤 젖 먹던 힘까지 쏟아냈던 모습처럼 보였다. 참을 수 없는 박수가 나왔다. 이 공원에서는 마치 다양한 삶을 살아낸 사람들의 인간극장을 보는 듯했다. 주체만 다르고 극복하는 거나 새로운 힘을 내는 것은 별반 다르지 않을 것이라는 생각을 하면서.

 구름공원에서 생각한 것은 구름발이었다. 구름발은 길게 뻗어 있거나 넓게 퍼져 있는 구름의 덩어리를 말한다. 땅으로 길게 뻗은 산책길과 하늘로 길게 향하고 있는 나무들이 모두 구름발에 해당될 것이다. 그러니 이곳을 '구름발공원'이라고 해도 설득력이 있을 것 같다. 공원을 마주하고 있는 어느 가정집 대문 앞에 다래덩굴이 길게 뻗어 장관을 이룬다. 이것 또한 구름발이지 않을까.

적응만이 살길
– 함월공원

나무를 감싼 흙이 세월과 겨루기해
손해를 보았다지 그것도 아주 많이
뿌리들 참지 못하고 땅 밖으로 고개를

처음엔 뿌리였고 지금은 줄기됐지
코끼리 다리만 한 공룡의 다리만 한
육중한 다리 아래로 뻗어 나간 발가락들

땅속의 진리 먹고 골고루 성장했지
그것이 그것들의 새로운 운명됐지
모두들 열린 맘으로 호적 정리 권한다

성안동 한국자유총연맹에서 쾌적하고 아름답게 가꾸기 위해 노력한다는 이 공원을 오후에 찾았다. 하교한 아이들과 어린아이를 동반

한 어른들이 석양이 지는 시간에도 집으로 가지 않고 놀이에 열중했다. 한 할머니는 어린아이의 재롱에 "예쁘다"를 연발하며 웃는다.

다른 공원에서 보지 못한 메타세콰이어 한 그루가 있다. 다른 공원에서는 거의 다 히말라야시다여서 여기도 그렇겠거니 하고 지나치려는데 이름표를 보고 알게 되어 반가운 마음으로 올려다보았다. 울산에 달을 머금은 함월산이 있는데 여기 함월공원도 그런 의미를 지니고 있을 것 같다.

벚나무 두 그루는 파라곤을 향해 잎과 가지를 키우고 있다. 조금만 더 자란다면 여름에 그늘을 가진 파라곤을 만날 수 있을 것 같다. 들어오는 입구는 동과 서 두 군데이다. 한 군데는 돌계단이고 한 군데는 인도와 인접해 있다. 놀고 있던 학생이 잡기 놀이를 한다고 인도를 지나 차도로 뛰어들자 놀란 운전자가 경적을 세게 울린다. 재미있게 노는 것은 좋은데 심한 장난은 차도로까지 이어지면 안 될 것 같다.

언덕이 약간 있는 삼면에 울타리가 있었지만 그 울타리 안쪽으로 나무들이 빙 둘러 있어 울타리는 두 개처럼 보였다. 여기는 놀이시설마다 독립체를 이루고 있다. 철봉이 있는 곳 시소가 있는 곳 미끄럼틀이 있는 곳을 구분하여 세 곳 모두에 모래를 깔아 놓았다. 한 공간에 놀이기구가 다 모여 있는 것이 아니라 종류별로 따로 설치돼 있었다. 안전하게 놀 수 있는 장점이 있는 것 같아 높은 점수가 저절로 주어졌다.

코끼리다리 같은 나무줄기와 뿌리가 눈에 띈다. 육식공룡의 다리라고 해도 믿을 것처럼 육중하다. 화단의 흙이 유실되어 나무의 뿌리가 많이 드러나 있다. 잔뿌리 굵은 뿌리가 시간이 지날수록 더 도드라질 것 같은 형국이다. 나무는 오래되어 웬만한 환경에도 잘 적응하겠지만 땅속에 있어야 할 것이 땅 밖으로 나오고 있으니 앞으로의 안위가 걱정이 되기도 한다.

뿌리가 줄기로 되어도 거뜬히 생을 이어가는 나무들. 적응만이 살길이라는 것을 오랜 세월 동안 깊이 체득했을 것이다. 땅 위로 드러난 튼튼한 뿌리 위로 올라가 본다. 딱딱한 돌덩이에 안정적으로 오른 기

분이다. 얼마나 탄탄하게 체력을 다졌던지 빈틈이 없어 보인다. 사람의 근육질 몸보다 더한 기운을 느끼게 한다.

　모든 일에 적응하며 긍정적으로 임하는 편이지만 어떤 때는 비교도 하고 자학도 하고 마음이 중심을 잃고 흔들리기도 한다. 갑자기 이 뿌리 위에 서 있을 자격이 있나 하고 뒤돌아봐 진다. 남의 고통 위에 남의 결과물에 슬쩍 무임 승차한 기분이 들어 많이 미안했다. 얼마나 견디고 견뎌야 이런 자태를 탄생시킬 수 있을지를 잘 알기 때문이었다.

　벤치 위에 올려놓은 학생들의 가방을 본다. 이것을 메었던 주인은 친구들과 놀이에 빠졌고 가방은 주인을 기다리고 있다. 가방 속에는 학교에서 배웠던 내용들이 빼곡히 적혀 있을 것이다. 이 나무의 뿌리처럼 잔뿌리가 될 것인지 굵은 뿌리가 될 것인지는 학생들의 노력에 달렸다. 나도 이왕이면 굵은 뿌리가 되기 위해 삶의 터전을 다시 재정비해 봐야겠다.

정답은 불필요
- 내황공원

오가는 사람 불러 안부를 묻는 이곳
경로당 밀어내고 자연에 스민 노후
건강을 걱정해 주는 이웃들의 고운 말

그 사람 안 보이데 병원에 입원했나
저번에 살 빠지고 아픈 것 같더니만
전화를 한번 해볼까 휴대폰을 만지작

갑자기 들려오는 비둘기 울음소리
구구구 했던 새가 오늘은 우욱우욱
한 번씩 다른 소리로 이야기꽃 피운다

 사월 초 벚꽃잎들이 거리에 내려앉아 있는 오후다. '꽃길만 걸으세요.'는 어려움 없이 잘 살아가라는 격려의 말이지만 아파트 주변에

떨어진 벚꽃잎을 밟으며 나름대로 그 뜻을 내식으로 비틀어보았다. '꽃길만 걸으세요.'의 깊은 뜻은 배제하고 단순히 꽃길만 걷는 걸 실천한다는 기분으로 내황공원에 이르렀다.

이곳은 삼면으로 주택들이 공원을 에워싸고 있다. 공원을 들어오는 입구는 남쪽 북쪽 동쪽 세 군데이며 주택은 남쪽 북쪽 서쪽에 형성돼 있다. 동쪽 편에는 대단지 아파트를 짓기 위한 가림막이 높게 쳐져 있어 먼 미래의 모습이 잠시 그려지기도 한다. 적당한 오후의 햇살은 주변 사람들을 공원으로 불러들인다. 아직 그늘이 필요하지 않는 사람들은 의자가 놓인 곳이면 아무 데나 앉는다.

동쪽 입구에서 들어서면 중앙에는 팔각정이 있다. 팔각정 뒤쪽에는 미끄럼틀·그네·지붕 있는 평상·운동기구들이 배치되어 있다. 팔각정 옆쪽에는 화단들이 있는데 둥그런 것 세모난 것 네모난 것들이다. 모양을 낸 화단 안쪽에는 스틸로 경계를 지어 어떤 모양들로 형상화돼 있었는데 어떤 뜻을 담고 있는지는 잘 확인되지 않았다. 단지 동종의 식물들을 칸으로 나누어 심었다는 것을 알 수 있었다. 아직 다양한 꽃들은 볼 수 없었지만 민들레 철쭉들이 주류를 이루고 있었다. 다른 곳에서 만나게 되는 벚나무는 한 그루도 없었고 소나무 은행나무 느티나무 등은 군데군데 식재되어 있었다.

  신발을 벗고 네 개의 계단을 오르면 둥그렇게 앉아서 놀 수 있는 파라곤을 만날 수 있다. 몇몇 할머니들이 안으로는 들어가지 않고 주변에 보조보행기를 세워둔 채 길쭉하게 앉아 있다. 주고받는 대화들이 거의 건강과 관련된 내용이다. 경로당은 멀어서 가기도 그렇고 등록도 해야 하지만 이곳은 언제라도 와서 쉴 수 있다며 좋은 곳이라고 했다.

  이 공원에서 제일 키 크고 몸집이 큰 나무는 단연 느티나무다. 바로 앞에는 밝은 갈색의 긴 벤치가 두 개 놓여 있고, 담배꽁초를 담을 수 있는 둥근 통 하나가 있다. 벤치 색깔이 선명한 것과는 대조적으로 파

라곤은 세월의 흔적이 배어 있다. 사람들이 공원 입구를 무시하고 가장자리에 조성된 화단을 밟고 다닌 탓인지 흙들이 단단해져 있었고 그곳은 유독 벌거숭이산처럼 화초들이 자라지 않았다. 호미가 있다면 땅을 한 번 파헤쳐 부드럽게 토닥여주고 싶었다. 딱딱하게 밟힌 땅 밑에 숨은 씨앗들의 숨통을 틔워주고 싶은 마음 때문이었다.

이곳은 공원 애호가들에게 숨구멍이다. 혼자 내뱉는 말이든 주고받는 말이든 마음속에 저장되었던 언어들이 날개를 다는 곳이다. 고여 있던 것들을 알게 모르게 자연스럽게 해소하면 건강한 삶의 원천이 된다. 불량한 소리 다정한 소리 구분하지 않고 모든 것을 평등하고 공평하게 대해 준다. 집 안에 있으면 갑갑하기도 한데 집 주변에 이런 곳이 있어 수시로 나와 쉴 수도 있어 좋다는 말 속에는 제대로 숨을 쉰다는 의미가 담겨 있을 것이다.

이곳과 가까운 곳에서 '구구' 같기도 하고 '우우우우' 같기도 한 소리가 들린다. 갑자기 할머니들께 말이 걸고 싶어, 금방 들리는 저 소리는 어떤 새 소리인지를 물었다. 비둘기라는 답이 돌아왔다. 구구구가 아닌 우욱우욱처럼 들리기도 한다니까 비둘기도 저런 소리를 가끔 낸다고 한다. 참 재미있는 대답이었다. 할머니께 감사 인사를 드리면서 속에서는 웃음이 나왔다.

들리는 대로 산다고 해서 잘못된 것도 없고 들은 대로 산다고 해도 별 큰 문제는 없을 것이다. 이것은 정답을 요하는 시험문제도 아니고 그냥 궁금해서 물은 것이기에 정확한 답은 필요치 않다. 공원은 생긴 모습이 모두 같을 필요가 없듯이 그냥 지나치듯 묻는 말에 대한 대답도 꼭 정답일 필요가 없는 것이다. 공원에서 해야 할 말 안 해야 할 말이 정해져 있지 않다는 말도 된다.

공원에서 만난 사람들은 곧 잊히겠지만 들은 말은 오래 갈 것 같다. 사람들의 모든 말에 트집을 잡지 않는 공원이 정답다.

직선 길 곡선 길
- 평산공원

환하게 반겨 주네 이팝나무 여러 그루
출근길 환영하는 꽃의 몸짓 개운하다
저만치 앞서간 동료 반갑다고 웃는다

공원을 거쳐야만 출근길 빠르기에
직선 길 곡선 길을 골고루 걷고 있다
디딤돌 징검다리 돼 걷는 걸음 편하다

동서로 횡단하는 이 기분 아시나요
에둘러 가지 않고 지름길 열어주니
언제나 고마운 마음 사라질 리 없지요

성안상가번영회에서 가꾼다는 안내 글을 읽으며 모처럼 숨은 노고에 감사를 드려 본다. 공원 주변으로 작은 기업체들이 보인다. 마침 출근하는 사람들이 이 공원길을 통하고 있다. 비록 출근길이지만 이 곳을 거쳐 직장을 가면 좋은 기분이 안 생길 수 없을 것 같다.

공원의 남쪽 면은 온통 영산홍이다. 그것이 울타리 역할을 톡톡히 해내고 있다. 빈틈이 없을 정도로 울이 되고 있어 거기를 비집고 공원을 들어가는 것은 힘들다. 남서 면에 언덕이 진 상태에다 영산홍 울타리까지 있으니 공원의 멋스러움이 한층 더해진다.

나는 서쪽 백석에 공원명이 적힌 곳으로 들어갔다. 여기에서 단연 눈에 띄는 나무는 이팝나무였다. 한창 꽃을 터뜨리며 다른 나무들을 압도하고 있었다. 다른 곳에는 한창 지고 있는 상황인데 이상하게도 여기는 절정을 이루고 있다.

일단 들어오면 직선 길이 곧게 나 있고 왼쪽으로 곡선 길이 나 있다. 곡선 길 왼쪽에는 넓은 면적의 화단이 있다. 소나무들이 주류를 이루며 쑥쑥 자라고 있다. 곡선 길 옆으로 벤치가 여섯 개 놓여 있다. 가운데 화단을 볼 수 있게 돼 있다. 길쭉한 화단이 세 개 놓여 있고 가운데 화단에는 운동기구 다섯 개와 대리석으로 된

긴 의자가 네 곳에 마련되어 있다.

　곡선 길과 직선 길을 빠르게 오가며 운동하는 사람들이 보인다. 직장에서 있었던 일을 주고받으며 몇 번째 돌고 있는 것 같다. 에둘러 하는 말과 직언들이 오가는 가운데 이팝나무는 더욱 귀를 쫑긋거리는 것 같다. 이팝나무 주변에 놓인 대리석 긴 의자는 기역자 니은자 디귿자 모양이다. 모든 이야기를 듣고 있을 이팝나무의 표정을 이렇게도 저렇게도 그려본다.

　세 곳으로 길게 조성된 화단의 느낌은 모두 다르다. 타일 바닥을 사이에 두고 경계가 지어진다. 곡선 길과 직선 길을 연결해 주는 디딤돌이 적당한 크기로 두 군데 놓여 있다. 녹색의 식물과 하얀 디딤돌이 이질적인 것 같으면서도 좋은 풍경이 되고 있다. 공원길이 출퇴근길도 되고 산책하며 담소를 나누는 공간도 되니 공원으로서 충분한 역할을 하는 셈이다.

외국인으로 보이는 사람도 평화로운 모습으로 직선 길 곡선 길을 밟으며 직장으로 향한다. 이팝나무 줄기 사이에는 누군가 두고 간 수건이 걸려 있다. 이 공원에 이팝나무를 왜 많이 심었는지는 알 수 없지만 아마도 좋은 기분으로 회사를 출근하라는 응원의 메시지로 여겨진다. 화단에 식물을 더 심어도 될 빈 공간들이 많이 보인다. 여백도 좋지만 공원의 나무 수를 더 늘렸으면 하는 마음이다.

꽃이 없는 나무로 시선이 가다 다시 이팝나무를 보니 순간적으로 기분이 화사해진다. 꽃은 사람의 기분을 정화시켜 주고 천사 같은 마음을 가지게 하는 것 같다. 운동기구를 작동할 때 팔은 아파도 그 꽃

을 보면 다시 힘을 내게 되고 즐거운 운동시간으로 이어지는 걸 보면 그런 생각이 더 강해진다. 어둠까지도 빛나게 하는 것이 꽃일 것이라는 생각이 든다. 공원을 산책 중이던 어떤 사람이 활짝 핀 이팝나무가 보기 좋다며 옆 사람에게 말한다. 옆 사람도 장단을 맞추며 호응을 해 준다.

공원을 산책하던 사람들의 얼굴에 웃음이 달린다. 공원

의 동쪽에는 이번에 세운 듯한 공원명 나무 팻말이 있다. 여기에는 큰 단풍나무가 공원명 팻말을 지키는 파수꾼처럼 뒤에 서 있다. 동쪽에는 단풍나무가 서쪽에는 이팝나무가 공원명을 빛나게 한다.

 공원명이 동서쪽에 세워져 있어 배분이 잘됐다는 생각이 든다. 돌에 새겨진 것과 나무에 새겨진 것은 서로 다른 느낌이지만 그것은 어차피 한 공원을 가리키고 있다. 직선 길 곡선 길을 이어주는 디딤돌의 역할이 있듯 모든 것에는 그 나름대로의 역할이 있다. 이어준다는 것은 계속된다는 의미를 포함한다. 여기에 자주 오고 싶다.

처음부터 끝까지
−단장공원

열린 문 수월하게 몇 걸음 옮겨보니
오른쪽 오죽들이 적당히 자라 있고
왼쪽에 계수나무는 하트 잎을 자랑한다

가운데 네모반듯 흙 마당 펼쳐 놓고
윷놀이 제기차기 해 보라는 응원세례
장기에 마음을 쏟는 어른들은 관심 밖

무언가 좋은 조짐 이미 아는 느티나무
새들의 자식 농사 마무리 되는 시기
어린 새 둥지를 차고 공원 위로 걸음마

울산 중구청과 중구의회가 인접한 곳에 자리하고 있다. 복산동 새마을부녀회에서 이 공원을 쾌적하고 아름답게 가꾸기 위해 노력한다

는 안내 글이 보인다. 들어서는 입구에서 잠시 머뭇댄다. '울산도호부아문'이라는 한자어를 눈에 넣는 시간이 필요해서다. 주변에 붉은 잎을 피워낸 홍가시나무와 단청이 조화로운 나머지 역사드라마 세트장 같은 느낌을 받는다.

이곳은 '2022년 한뼘정원조성'으로 새롭게 태어났다. 복산동 주민단체와 큰애기 정원사 정원작가가 협력하여 지금의 모습을 갖추었다. 수령이 제일 오래된 듯한 느티나무는 할아버지 나무처럼 인자해 보인다. 네모반듯한 직사각형을 닮은 공원 오른쪽에는 오죽이 자라고 있어 병풍을 아늑하게 펼쳐 놓은 것 같다. 공원 모양도 직사각형이고 중앙의 흙 마당 공간도 직사각형이다. 좌우로 디딤돌이 통일성 있게 놓여 있어 직사각의 모양이 두드러진다. 흙 마당에서 다양한 행사가 이루어졌으면 하는 바람을 잠시 가져 본다.

좌측에 소재한 중구청에서 오른쪽으로 눈만 돌리면 이 공원을 바로 만날 수 있다. 그들에겐 너무나 친근할 이 공원이 나에게는 처음이어서 보는 것마다 새롭다. 공원에 있는 나무 수종이 거의 비슷하지만 어디에 어떤 모습으로 있느냐에 따라 느낌이 다르기에 모두 처음 보는 것이라고 말하게 된다. 딸기모형을 한 벤치가 군데군데 놓여 있다. 타일을 밟고 안쪽으로 들어가면 튼튼한 파라곤이 놓여 있고 옆에는 의자와 테이블 두 쌍이 놓여 있다.

　유니폼을 입은 한 여성이 공원 주변을 빗자루로 쓸고 있다. 비질 소리를 옥성공원에서 한 번 들었고 여기에서 두 번째로 듣는다. 그곳에는 남자가 쓸었는데 여기는 여자가 쓸고 있다. 그때보다 비질이 부드럽게 들리면서 꼼꼼히 쓴다는 기분도 든다.

　입구와 마주하는 제일 안쪽에는 별 모양의 파란색 가림막 안에 큰 나무가 보호되고 있다. 그 옆에도 똑같은 나무 한 그루가 서 있다. 사이좋은 부부 나무라는 생각을 하며 한 번 더 올려다 보았다. 바로 옆 테이블에서 장기 두는 걸 지켜보던 할아버지께 나무의 이름을 여쭸더니 낙엽송이라는 말을 들려준다. 이럴 땐 나무 이름표가 없는 게 안타까웠다. 할아버지는 자신이 아는 것만큼 말해 주

고 싶어 열심을 보이셨다. 감사한 마음으로 재차 나무 이름이 맞는지를 물으니, 눈이 나빠서 확실치 않다고 했다.

할아버지는 이 공원이 생긴 배경과 주변 지역변천사를 잘 알고 계셨다. 들으면 들을수록 해박한 지식을 지닌 분이라는 생각이 들어 계속 질문이 이어졌다. 울산의 산증인처럼 들을 게 많았다. 울타리가 돼 준 오죽에 대한 칭찬도 아끼지 않았다. 할아버지와 이야기를 나누던 중 갑자기 비가 내린다. 잎이 무성한 느티나무 아래에 있어서인지 비는 직접 맞지 않았다. 더 많은 비가 온다면 바로 옆 파라곤으로 이동하면 될 것 같았다.

키 작은 소나무에는 송화가 금빛을 띤 채 수북이 올라와 있다. 공원을 재조성할 때 자태가 좋은 나무를 식재한 것 같다. 이곳을 들어올 때부터 보았던 까치가 여전히 그 소나무 아래에 있다. 꼭 나를 배웅하듯 문 가까이 다가와 고개를 숙인다. 이곳에 있는 동물도 수준 높은 교육을 받은 듯 예사롭지 않게 보인다.

활짝 열린 '울산도호부아문'을 통해 들어올 때부터 느꼈던 신비로운 기운과 격을 나갈 때도 느낀다.

발견의 미학
-손골공원

별다른 기대 없이 들어선 입구에서
족구장 네모 반듯 사람들 불러내면
공들이 날아오르고 광나무는 빛을 낸다

기다란 돌비석에 새겨진 익숙한 글
공원을 찾는 이들 외면을 할 때마다
외국산 개잎갈나무 그 글귀를 꿰찬다

묵은 잎 이별하고 새 잎을 얻는 정신
태화강 흐름처럼 나무들도 뒤따르니
시인의 태화강 시비 정답게도 읽힌다

넓은 공원 입구에서 철봉대 쪽을 바라본다. 철봉대 주변에 떨어진 누런 낙엽들이 시선을 끈 탓이다. 무슨 나무인지를 제일 먼저 궁금히 여긴 것은 이곳이 처음이다. 소나무 잎도 아닌 길쭉한 잎의 정체는 알고 보니 히말라야시다였다.

꽃은 시월에 핀다. 열매는 다음 해 구월에 익으며 '개잎갈나무'라고도 한다. 공원수 가로수로 심으며 건축재 가구재로도 쓰인다. 단장공원에서 이름을 몰라 안타까워했던 바로 그 나무였다. 이 나무의 어원은 인도어이고 신의 나무라는 뜻을 지니고 있다. 무엇이든 우리의 시선을 끈다는 것은 좋은 일이다. 떨어진 잎을 들고 40~60미터까지 자란다는 거대한 나무를 다시 우러러본다.

여기는 놀이시설과 운동기구 그리고 나무에 큰 훌라후프가 걸려 있다. 들어오면 바로 보이는 넓은 공간이 족구장이다. 서로 단결하고 화합을 다지는 역할을 톡톡히 해낼 것 같다. 인근에는 성신고등학교가 있다. 차도에서 보면 공원이 언덕을 이루고 있는데 반대편 주택가에서 보면 인도의 높이와 같다. 골이 들어가는 곳은 보통 골짜기라는 뜻을 품고 있지만 지금 여기는 골짜기 느낌이 전혀 없다. 그 옛날은 그런 느낌이었을지는 모르겠지만.

차도를 향해 서 있는 큰 돌비석 하나가 보인다. 가까이에서

보니 한창 새마을운동을 했을 당시의 슬로건이었던 근면·자조·협동이 새겨져 있다. 히말라야시다는 한 그루의 나무만 있으면 태풍에 쓰러지기 쉽다. 하지만 여러 그루가 모여 있으면 서로의 뿌리를 잡고 그런 위험을 물리친다. 그래서인지 나무들이 가까운 곳에 서로 붙어 있다. 새마을운동의 협동 정신을 실천하고 있는 듯하다.

넓은 공원은 아니지만 가장자리 쪽으로 계속 걷는다. 바로 앞에 작은 비석 두 개가 낮게 세워져 있다. '복산 동네 체육시설'을 나타내고 있었고 시설물이 체육청소년부 지원으로 건립되었음도 명시해 놓았다. 그리고 복산 택지 제1공원 정비 공사이며 조경석 쌓기 137미터 동백나무 외 7종인 2,919주가 식재되었음도 나타내고 있었다. 이것 또한 공원의 소중한 역사이고 이력인 것 같아 눈여겨보았다.

점토 벽돌을 밟고 뿌리가 흙 밖으로 드러난 느티나무를 만나러 갔다. 그곳에는 생각지도 않은 보물이 하나 있었다. 이곳에 시비가 있을 줄은 전혀 몰랐다. 눈을 크게 뜨고 까만 돌에 새겨놓은 글자들을 읽어 나갔다. 고 서전 이상숙 시인의 약력과 캐리커처로 그린 얼굴, 건립위원 그리고 시인의 자작시 '태화강'이 새겨져 있었다. 공원에서 태화강 시를 읊으니 또 다른 기분이 올라왔다.

시비 옆에는 키 큰 느티나무 몇 그루가 있었다. 느티나무 아래에 서서 "메마르도록 척박했던 고향의 문화 풍토에 문학을 싹틔워 가꾸시고 교단과 사회에서 제자와 후배들을 보듬어 주시던 선생님의 참 정이 그리워 이 비를 세웁니다."를 묵독했다. 한 글자도 빠뜨리지 않고 가슴으로 반갑게 안았다. 말로만 듣던 시인을 이곳에서 만나니 감회가 새로웠다.

직접 현장으로 가 보면 이처럼 미처 생각지도 못한 풍경들을 만나

게 된다. 이 공원을 지나쳤으면 이런 소중한 시비를 만나는 일은 없었을 것이다. 손골 공원에서 사람들이 족구를 하고 나무둥치를 안아보고 운동기구를 사용하고 이 시비도 놓치지 않았으면 한다.

모든 학문의 기본은 문학에서 비롯된다. 이 공원은 문학의 터전 위에서 많은 것들이

쌓일 것이라는 기대가 된다.

  여기에 돋아난 풀 한 포기 떨어진 잎 하나 서 있는 나무들 모두 감성을 불러일으키기에 부족함이 없다. 나무에 걸린 훌라후프도 사람들에게 시 한 편 짓기를 권하고 있을지도 모른다. 입구가 넓은 공원은 모든 것을 보여주며 속삭인다. 빨리 그것을 받아적어 보라고.

풍요로운 휴식
−서덕출공원

환한 공원 여기에 참하게 있었구나
공원등 칠십구 개 곳곳에 불 밝히니
십팔 개 조각상 뜻을 내 것으로 품는다

봄편지 들으면서 선생을 떠올리고
힘든 삶 탑이 되어 탄생한 동요들을
가볍게 흘리지 않고 동화되어 안아본다

힘겨운 어제 일을 계류로 씻어내고
벽천에 흐르는 물 생수로 고이 받아
선생의 고귀한 정신 다시 한번 되새긴다

 공원의 높은 언덕 아래 편하게 주차를 했다. 공원 출입구를 향해 천천히 걷는 동안 외관에서부터 공원의 멋이 한껏 느껴졌다. 곳곳에 핀

영산홍과 크고 작은 나무들이 언덕 주변을 에워싸고 있어 공원을 보호한다는 기분이 들었다. 무성한 수목은 축대의 존재를 감쪽같이 감추고 있어 보기 좋았다.

공원을 들어서는 입구 광장에 물 없는 계류가 제법 길게 조성돼 있어 처음부터 눈길을 끌었다. 서덕출공원과 참전유공자선양비를 알리는 안내표지판에서 기대감과 엄숙함이 동시에 올라왔다. 입구부터 길이 두 갈래로 나누어져 있어 어디부터 가볼까 하다 윗길부터 걷기로 했다.

몇 보를 걸어 도착한 중앙광장에는 벽천과 분수대가 여름의 열기를 식혀 줄 든든한 냉방 도구처럼 보였다. 곧 시원한 물줄기를 흘려보내며 샘솟는 분수도 볼 수 있을 것 같아 그날이 기다려졌다. 중앙광장이니만큼 '서덕출선생상'이 넉넉한 공간에 자랑스럽게 자리하고 있었다. 그냥 지나칠 수 없어 '서덕출선생상' 옆에 조각된 '봄편지 노래

비'쪽으로 걸음을 옮기니 뜻밖에도 동요가 자동적으로 재생되었다. 친숙한 가사를 흥얼거리며 '봄편지'를 음미했다.

예전에는 이곳이 '복산공원'이었지만 '서덕출공원'으로 새로 조성되면서 울산 최초의 조각공원이라는 수식어를 달게 되었다. 18개나 되는 조각상에서 글 쓸 제목 하나를 따오면 좋겠다는 생각으로 작품과 제목을 놓치지 않고 자세히 감상했다. "동심 가위 바위 보, 미래를 위한 행복, 도심 속의 꿈–염원, 풍요로운 휴식, 원시의 메시지, 삼국시대의 힘·느낌·교감, 축복의 땅 그리고 소리" 등이었다. 모든 조각품과 조각품의 제목이 서로 잘 어울렸다. 나는 그중에서 이곳 분위기와 제일 조화로울 것 같은 '풍요로운 휴식'을 차용하기로 했다.

이 공원을 찾는 사람들의 만족도는 높을 것 같다. 특히 큰 황금색 편지봉투에 보내는 사람 "울산시 중구 복산동 512-8번지 서덕출", 받는 사람 "울산시 중구 복산동 600번지 복산공원"이라고 돼 있어 읽는 재미가 있었다. 선생의 출생지와 이 공원의 주소를 한눈에 볼 수 있게 한 의도가 한층 돋보이는 부분이었다. 선사시대부터 현대까지를 주제로 한 다양한 조각품 덕분에 서덕출 선생을 기리고자 하는 마음이 배가 되는 듯했다.

아치형 장미 터널에는 정미넝쿨이 우거져 있다. 지금은 잎만 달았지만 곧 빨간 꽃이 필 것이다. 많은 수종의 나무들이 공원을 아름답고 운치 있게 만든 것도 보기 좋았지만 의미를 부여한 다양한 조각상들도 곳곳에서 볼 수 있어 눈이 즐거웠다. 하지만 6·25참전국가유공자 선양비 앞에서는 치열했던 전쟁을 떠올리고 마음이 숙연해졌다.

광복 후부터 6·25전쟁 종전 때까지 건국과 자유수호체제를 위해

순직한 경찰관 공무원 의용경찰 등의 넋을 기리기 위해 세워진 '충혼탑' 앞에서는 암울했던 그때로 돌아가고 있었다. 억울하게 희생된 148분의 이름이 탑 측면에 새겨져 있어 눈으로 천천히 훑으며 추모를 했다. 그 당시의 처참한 광경들이 상상되어 잠시나마 마음이 무거웠던 시간이었다.

발걸음이 쉬 떨어지지 않아 머뭇대고 있는데 어디에선가

천리향과 비슷한 꽃향기가 나를 부르고 있었다. 가까운 곳에서 꽃을 피우고 있는 '수수꽃다리' 향일 것 같아 꽃잎에 코를 대보니 이상하게도 조금 전의 향기는 없었다. 몇 그루의 나무에는 친절하게도 이름표가 달려 있다. 먼나무·계수나무·상수리나무·소나무·곰솔·자귀나무 이외에도 다양한 종류의 나무들이 이름표를 달고 시선을 끌었다. 울산이 낳은 동요 작가이자 아동문학가인 서덕출 선생을 기리기 위해 조성된 공원이 글을 쓰는 사람으로서 더없이 고맙고 감사했다.

　서덕출 공원을 알리는 표지판 옆으로 치자나무가 잘 다듬어져 있다. 다음에는 하얀 꽃을 피운 치자나무를 만날 수 있겠다는 생각을 하며 지금까지 둘러본 공원 현황도를 떠올려 보았다. 입구 광장부터 중앙광장·다목적광장·분수·계류·백천·노단정원·쉼터·어린이놀이터·팔각정·정자 전망대와 전시관이다. 공원의 역할은 생활에 지친 사람들을 불러들여 정신적 치유를 하게 한다. 다목적광장에서는 뜻있는 사람들이 작은 행사를 열어도 될 만큼 섬세한 구성을 갖추고 있어 보기 좋았다.

　친숙하고 안전한 공간이 되기 위해 공원등이 자그마치 79개나 설치되어 있어 놀라웠다. 23,802제곱미터나 되는 이곳이 안전한 산책길이 되기를 염원하는 마음이 담겨 있어서일 것이다. 할 일 없는 사람처럼 공원등에 적힌 번호를 일일이 확인하는 자신이 우스웠지만 생각외로 숫자를 읽는 재미가 있었다.

　사방에 우뚝 선 아파트 가운데 들어선 이 공원은 도심 속 근린공원이라는 말과 무척 잘 어울린다. 울산이 낳은 동요 작가이자 아동문학가인, 고 서덕출 선생을 기리는 이 공원이 풍요로운 휴식처로 손색이 없다는 생각이 든다. 외관만 봤을 때보다 한 바퀴를 다 둘러본 후에야 그런 느낌이 더욱 확고해진다.

박서정 수필집

격 상

지은이 | 박서정
펴낸이 | 정종희
초판1쇄 인쇄일 | 2025년 5월 23일
초판1쇄 발행일 | 2025년 5월 30일

펴낸곳 | 바니디자인
출판등록 | 2005년 11월 4일 제75호
울산광역시 남구 번영로 152(달동)
전화 | (052)276-6687
팩스 | (052)260-6687
메일 | bunny6687@hanmail.net

ⓒ 박서정, 2025

₩15,000
ISBN 979-11-91474-09-1 (03810)

※ 저자와의 협의에 의해 인지는 생략합니다.
※ 잘못된 책은 교환해 드립니다.